ダイナミック ストレッチング
パワー、パフォーマンス、可動域を改善する新しいウォームアップ

DYNAMIC STRETCHING
The Revolutionary New Warm-up Method to Improve Power, Performance and Range of Motion
Mark Kovacs, Ph.D., CSCS

日本体育大学教授
平沼憲治 監訳

アルビレックス新潟ヘッドトレーナー
日暮 清 訳

NAP Limited

注　意

本書は情報提供を目的としてつくられたものであり，医師などの専門家による治療や助言の代わりとなるものではありません。著者と出版社は，読者が読者自身の責任において意思決定を行うための情報を提供することを意図しています。本書の内容を実行する前に，健康状態に注意し，専門家の助言を受けてください。

Translation copyright © 2011 by NAP Limited, Tokyo
All Rights Reserved.

This edition of *Dynamic Stretching* by **Mark Kovacs** is published by arrangement with **Ulysses Press**.

Copyright © 2009 by Mark Kovacs
All rights reserved.
Published by arrangement with Ulysses Press, P.O. Box 3440, Berkeley, CA 94703, USA.

Printed and Bound in Japan.

訳者の序

　近年，スポーツ前のウォームアップにダイナミック（動的）ストレッチが行われている。従来のスタティック（静的）ストレッチに比べ，身体の柔軟性を高めるだけでなく，身体を温めることができるのが，ダイナミックストレッチの利点である。サッカーにおけるブラジル体操は，その代表的な例である。この本では，さまざまなスポーツ種目のウォームアップに適したダイナミックストレッチを紹介しており，その各々についてわかりやすく図解している。スポーツ指導者，スポーツ選手にこの本を利用していただき，より良いパフォーマンス，競技力向上に役立てていただきたい。

　注意点としては，突然激しい運動をすると，心臓に大きな負担が加わることや，筋肉などを損傷する危険性が高まる可能性があり，最初に軽い負荷（ウォーキング，ジョギングなど）をかけておくことが大切である。怪我の予防については，十分に配慮していただきたい。身体が温まってから行うことと，過度な反動は使わないことに心がけていただきたい。また，肉ばなれなどの損傷している部位に行うと，損傷を悪化させる危険性があるので，その場合はダイナミックストレッチは適していない。

　多くのアスリートが，この本を参考にして，安全かつ効果的にスポーツ前の良い準備ができ，良い結果が出ることを願っている。

2011年10月

平沼　憲治

目　次

Part I　序　論

はじめに………2
ダイナミックストレッチとは何か？………4
用語解説………5
なぜダイナミックストレッチなのか？………7
始める前に………11

Part II　プログラム

この本の使用方法………16
アイスホッケー………17
ゴルフ………18
サッカー………19
自転車競技………20
水　泳………21
スキー………22
体　操………23
テニス………24
バスケットボール………25
バレーボール………26
フィールドホッケー………27
フットボール―オーストラリアルール………28
フットボール―スキルポジション………29
フットボール―ラインマン………30
ボディビル………31
野球/ソフトボール………32
ラグビー………33
ラクロス………34
ラケットボール/スカッシュ………35
陸上競技―短距離と跳躍………36
陸上競技―長距離………37
陸上競技―投擲………38
レスリング………39

Part III　エクササイズ

トゥ・ウォーク………42
ヒール・ウォーク………43
サイド・アンクル・ウォーク………44
ニー・トゥ・チェスト・ウォーク………45
ウォーキング・クアード・ストレッチ………46
ニー・トゥ・ショルダー・ラテラル・ウォーク―フロッグァー………47
ワンレッグ・ウォーキング・オポジット―ダチョウ………48
アッパー・ボディー・ハンドウォーク………50
ハムストリング・ハンドウォーク―尺取り虫………51
スパイダーマン・クロール………52
ストレートレッグ・マーチ………53
リニア・ウォーキング・ランジ………54
ストレートレッグ・ウォーキング・ランジ………55
ローテーショナル・ウォーキング・ランジ………56
エルボー・トゥ・ニー・ランジ………58
ニー・トゥ・チェスト・ホールド・イントゥ・ランジ………59
ラテラル・ランジ………60
オーバーヘッド・スクワット・プログレッション………61
スモウ・スクワット・ウォーク………62
ロウ・スクワット・ウォーク………63
フィギュア・フォー・スクワット………64
グルーツ・ハム・ブリッジ………65
ラテラル・パス………66
オーバーヘッド・パス………67
アンクル・フリップ………68
スプリット・ジャンプ/ランジ・ジャンプ………69
カウンタームーヴメント・スクワット・ジャンプ………70
リピーティド・スクワット・ジャンプ………71
コンセントリック・スクワット・ジャンプ………72
パワー・スキップ………73
ハイ・ニー・ラン………74
ジャンプ・ジャンプ・スプリント………75
バックペダル………76
バックワード・ラン………77
Aウォーク，スキップ，ラン・プログレッション………78
オーバーヘッド・スクワット………79
Bウォーク，スキップ，ラン・プログレッション………80

ベントレッグ・バウンド………81
ストレートレッグ・バウンド………82
アンクル・タップ………83
クイック・フィート・スプリント………84
スクワット・ジャンプ・スプリント………86
トリプル・ジャンプ・スプリント………87
バーピー・スプリント………88
ラテラル・シャッフル………89
10メートル・ムーブメント・シークエンス………90
カリオカ………92
ハイニー・ラテラル・スキップ………94
ダイナミック・エンプティー・カン………95
ハグ………96
チアリーダー………97
ワイパー………98
サソリ………99

文献　　100
推薦図書　　102
エクササイズ索引　　103
謝辞　　104
著者について　　104

Part I 序論

はじめに

エクササイズだけが，精神を支え，活力を保持する。
　　　　　　　　　　　　　Marcus Tullius Cicero

　汗が顔を流れ落ちる。心臓が拍動する。群衆がどよめきをあげる。あなたが人生全てをかけトレーニングした結果は，10秒以内に下される。それは，まるで一生涯のようである。スタートのピストルが鳴り響き，スプリンターたちが，オリンピックの100m走という人生のレースに飛び出す。

　―あなたは，隣の選手を見て考える。あなたにも同じようにある，Tシャツに残る血，汗，涙の染み。あなたと同じくらいハードなトレーニングをしたのかどうか。漂白剤を使っても完全には落すことができない染み…。
　ランナーの足がトラックをすばやく叩く。10秒以内に，全てが終わっている。隣の選手が1位でゴールを切り，あなたは5位で終わる。そこで，1/4秒の差で世界一速く走る選手と，メダルなく終わる選手との差がなぜ生まれるのかを疑問に思う―。
　1つの理由は，レース前の2人のウォームアップの方法にあるかもしれない。それは，スタティック（静的）ストレッチかダイナミック（動的）ストレッチかの違いである。
　小学生から，プロでランキングされるような選手，そしてシニアの選手に至るまで，ストレッチの効果は，コーチ，選手の両親，スポーツ科学の研究者や医療の専門家によって支持されてきた。最大の問題は，どのような種類のストレッチが最善かということである。多くの人が「ストレッチ」として第1に思い浮かべるのは，腰を屈め手でつま先に触り，15～30秒間この姿勢を保つことである。この伸張と保持の方法は，「スタティック」ストレッチとして知られている。この従来のストレッチの評価される点は，比較的安全で，なおかつ，伸ばされた関節の可動域が改善することが示されてきたことにある。身体各部位の柔軟性がよいことは，効率のよいスポーツパフォーマンスのため，また外傷・障害の可能性を減らすため，さらに健康と日常生活動作を改善するために不可欠である。しかし，生活のなかのすべてのよいことと同じように，この種のストレッチを行うのにも適切な時間と場所がある。スタティックストレッチは，運動後に行うと最大の効果がみられる。
　過去10年間，研究者やコーチ，医療の専門家は，身体活動のためにより効果的なウォームアップの方法を探求し，スポーツの前に行う従来のスタティックストレッチは，より動的なス

トレッチに置き換えなければならないということを見つけた。動的な活動を行うことで，多くのよい効果がある。「ダイナミック（動的）ウォームアップ」「ダイナミックストレッチ」は，パフォーマンスを向上させるために，また急性の外傷と慢性の障害の両方を減少させるために，身体活動の前に行うべきである。

ダイナミックストレッチとは何か？

過去10年の間，ストレッチの良い影響と悪い影響について，多くの正しい情報や誤った情報が，メディア，コーチ，トレーナー，運動選手や選手の両親を通して広められてきた。

こういった情報の多くは実用的で役に立つ。それでもストレッチは，いまだ，スピード，持久力，筋力トレーニングのような，競技パフォーマンスの主要な分野と比較すると，十分には理解されていない。

この情報の難しさの1つは，使用されているストレッチの用語が一定してないことである。事実，多くのコーチやトレーナーは，同じ種類のストレッチを異なった言葉で表現している。この用語については，次の項でさらに詳細に説明する。

ダイナミック（動的）ストレッチと従来のスタティック（静的）ストレッチの大きな違いは，動的運動においては，筋肉がいったん伸張されると収縮が起こるということである。そして，筋肉，関節，腱，靱帯は，この広げられた位置で力を発揮しなければならず，そのため拡張した可動域での機能的な能力が向上する。よい例として，ウォーキング・ランジ・ローテーションやハムストリング・ハンド・ウォークなどがあげられる。これらのエクササイズは，筋力と柔軟性の両方の組み合わせが必要とされ，スポーツや特殊な身体活動を行う前のウォームアップとして，筋力，柔軟性，バランス，協調運動（コーディネーション）を向上させるのに最適である。ウォームアップ中のダイナミックストレッチは，「活を入れる」という意味において，スタティックストレッチより効果がある。

用語解説

柔軟性に関して最も難しい点は，用語が一定でないことである。このセクションでは，この本で使う重要な用語を，いくつか定義しておこう。一般的に最も支持されている原則に基づいて，わかりやすく解説する。

ウォームアップ

効果的なウォームアップは筋温と体の核心温度を上昇させて，血流を改善させることにより，身体の全ての機能を向上させる。ウォームアップの時間は，どのような競技種目を行う前にも重要である。競技種目を行う前のウォームアップには，身体活動や競技を行う前に，身体的にも精神的にもよい状態に準備することを含め，多くの目的がある。NSCA（National Strength and Conditioning Association：全米ストレングスアンドコンディショニング協会）のEssentials of Strength Training and Conditioning（ストレングスアンドコンディショニングの基礎）で概説されているように，完成されたウォームアップは以下のようなポジティブな結果要素を提供しなければならない。

- 主働（収縮）筋と拮抗（弛緩）筋両方のより速い収縮と弛緩の発生
- 反応時間の改善
- 筋力とパワーの改善
- 筋抵抗の減少
- 体温の上昇による酸素供給の改善
- 活動している筋肉への血流量の増加
- 代謝反応が高められることにより，より多くのエネルギーが使われるようになること

関節可動域

関節可動域は，関節を動かすことができる範囲（角度）のことである。選手にとって重要なのは，その運動面において，機能的またはスポーツ特性に必要な関節可動域を得ることと，練習または試合中に使う運動パターンを習得することである。

柔軟性

柔軟性は関節可動域の大きさであり，静的および動的な構成要素がある。**静的柔軟性**とは，他動運動時における，関節周囲の筋肉，靱帯，結合組織の可動域である。静的柔軟性は，随意筋収縮を必要としない。ストレッチをするために必要な力は，パートナー，重力またはトレーニング器具など，外から与えられる。**動的柔軟性**は自動運動で動かすことのできる可動域である。したがって随意筋収縮を必要とする。選手

は，通常，静的可動域より動的可動域のほうが大きい。

ストレッチ

スポーツ活動の前に行うストレッチには，スタティック（静的），ダイナミック（動的），バリスティックの3種類の代表的なストレッチがある。**スタティックストレッチ**は，痛みなく伸展できる体位を15秒～5分保持する一定のストレッチである。

ダイナミックストレッチは，スポーツ特性を考えた機能的なストレッチである。そのスポーツ特有の動作を使い，体がその動きに適合できるように準備する。ダイナミックストレッチは，筋肉，関節，運動面（前後，上下，左右）の組み合わせが重要となる運動パターン（3次元的な動き）に焦点を当てる。それに対して，スタティックストレッチは，1つの筋群，関節，運動面（平面的な動き）に集中する。

バリスティックストレッチは，自動運動での筋活動を含み，静的にストレッチポジションを保持するのではなく，反動をつけた運動のなかで可動域を広げる方法である。スタティックストレッチとは異なり，バリスティックストレッチは，伸張反射を引き起こす。それは，不適切な方法で行ったり，正しいトレーニング経験がない人が行うと，外傷を引き起こす可能性がある。バリスティックストレッチは，誰もができる効果的なストレッチとしては推奨されない。

腰痛やハムストリング損傷の既往歴を持つ人は，このストレッチは避けるべきである。

なぜダイナミックストレッチなのか？

ウォームアップを，激しい身体活動を行う前に単に体温を上げるためだけの時間として使ってはいけない。これがウォームアップの唯一の目的だったら，縄跳びを跳んだり，ステーショナリーバイクを漕ぐだけで，アスレチックパフォーマンスの準備としては充分だろう。

ウォームアップは，フィジカルコンディションのあらゆる角度から，身体をトレーニングできる状態に適応させることができる時間である。筋力，柔軟性，筋持久力，協調運動の向上，そしてアンバランスな筋肉の改善などが効果としてあげられる。ダイナミック（動的）ウォームアップの大きな効果は，限られた時間のなかで全身トレーニングを行うことができることである。このウォームアップを正しく行えば，身体がトレーニングに適切に順応して，パフォーマンスが向上する。ダイナミックウォームアップは，筋力，パワー，スピードとアジリティー（敏捷性）を集中的に向上させる時間にあてることができる。

スポーツをレクリエーションとして行う選手は，通常10～20分のダイナミックウォームアップを行う。しかし，選手がより上級になればなるほど，ウォームアップの時間は，より多く費やさなければならない。プロスポーツ選手がウォームアップに30～60分を費やすことは，まれでない。ダイナミックウォームアップは，これから行う身体活動のために，体を暖めることに加えて，数多くの効果がある。それは本来そのトレーニング自体が特別なトレーニングであり，エクササイズの多くは，そのスポーツで行うものと似た動作を使い，そのスポーツの動作パターンに筋肉を教育するものである。

エクササイズ前のスタティックストレッチについての神話

コーチと選手は，運動前のスタティック（静的）ストレッチがパフォーマンスを向上させ，外傷・障害を予防すると期待して，過去何十年も行ってきた。1980年代と1990年代の中頃に，身体活動前にウォームアップを行うことはよいことであると，科学文献で示唆された[1, 2]。1990年代初期から，日本，オーストラリア，米国の多くの研究者は，競技成績を向上させるために最善のストレッチ方法の研究を行ってきた。このセクションでは，パフォーマンスの改善と外傷・障害予防におけるストレッチの研究を要約する。ストレッチの科学的な裏付けに興味がある読者は，巻末に引用文献リストがあるので参考にしていただきたい。この分野で最も

信頼のおける研究を紹介している。

1960年代初期に，運動前のスタティックストレッチでスプリント能力が改善されなかったとのエビデンスがあったにもかかわらず[3]，多くのコーチと選手は，身体活動のために共通のウォームアップ・ルーチンとしてスタティックストレッチを行ってきた。しかし，スタティックストレッチがフィジカルパフォーマンスを改善するという一般的な確信に反して，スタティックストレッチには逆効果が実際にあることを証明する多数の研究があった。それは，筋力，スピード，パワーを必要とするパフォーマンスを低下させる[3～14]。デップス・ジャンプ（高い箱から地面に飛び下り，すぐに爆発的にジャンプするトレーニング）はパワー出力を調べるのに絶好の実用的な指標であるが，スタティックストレッチの後，有意に低下している[11,13]。垂直ジャンプの高さも，スタティックストレッチを行った後では，有意に低下した[12,14]。筋力とパワーパフォーマンスとの研究では，スタティックストレッチ後すぐに，30％ものパフォーマンス低下を示した。このパフォーマンス低下は，とくに爆発的なパワーと筋力を必要とするスポーツ，陸上競技の短距離走，跳躍競技，投擲競技，短距離競泳，オリンピックの重量挙げ，パワーリフティング，ボディービルのような競技種目で顕著であった。

スタティックストレッチ後のパフォーマンスの低下は，ストレッチのタイプとストレッチ・ルーチン後に行う活動の種類に依存している可能性がある。スタティックストレッチ後のパフォーマンスの低下は，ストレッチ・ルーチンの約60分後まで続くことが示された[9]。世界中の研究者は，このパフォーマンス低下の正確な原因を調査している。なぜそれがパフォーマンスを低下させるかについての理論はあるが，決定的な機序は実証されなかった。いくつかの理論では，反射の感度，筋肉/腱の硬直や，神経筋活性化の変化が関与していることを示唆している[9,13,15,16]。

ダイナミックウォームアップの利点

- ストレッチ
- パワー
- 持久性
- 柔軟性
- 協調運動
- バランス
- 神経と筋肉の活性化
- スピード
- 精神的な準備

スタティックストレッチ後のパフォーマンスに対する影響がポジティブであるかネガティブであるかは，エクササイズの運動速度に依存している場合がある。スタティックストレッチ・ルーチン後に高速度の運動を行ったとき，パフォーマンスの低下はみられなかった[17]。たとえば，スタティックストレッチ・ルーチンは，爆発的なテニス・サーブの速度または精度（パフォーマンス）に影響を及ぼさなかった[17]。他の研究でみられたように，スタティックストレッチを行った後に，テニスのサーブのパフォーマンスが低下しなかった理由として，高速スピードまたは精度に関連する運動では，活動前のストレッチはパフォーマンスを低下させない可能性があるとしている[17]。この研究の著者は，関節の回旋の動きで，低速度の場合だけ，等速性筋力（isokinetic strength）が有意に低下する結果を示した研究[5]を引用している。しかしながらこの理論は，非常によくトレーニングされた選手が20m以上のスプリント（高速で爆発的な運動を伴う）時間を測定する最近の研究で示されたように，必ずしもいつも裏づけられるわけではなかった。ストレッチを行わなかった時と比較して，スタティックストレッチを行った後では，スプリント時間が長くなり有意なパフォーマンスの低下がみられるということは明らかにされた[10]。

活動前のスタティックストレッチが筋力，スピードおよびパワーを必要とする活動でフィジ

カルパフォーマンスを低下させることは，多数の研究から明白である[3, 4, 7～16]。したがって，筋力，スピードまたはパワーを必要とするスポーツを行う選手は，トレーニングまたは試合までの約1時間は，ゆっくりしたスタティックストレッチは制限するか避けるべきである。これらの学術研究は，何年もの指導でスタティックストレッチによるパフォーマンス向上の限界がみられてきた経験的なこととともに，スポーツのパフォーマンスを向上させるためにダイナミックウォームアップを奨励するもう1つの理由となる。このパフォーマンスの向上は，筋力，スピードまたはパワーが必要とされるスポーツで強調される。

コーチと選手が運動前にスタティックストレッチを行う理由として，エクササイズ前のスタティックストレッチがパフォーマンスを向上させるという誤解とともに，外傷・障害を予防する可能性があるという概念がある。これは「堅い」筋肉−腱は思うように動かない，つまり広い可動域を得ることができないという概念[18, 19]に基づいているかもしれない。この仮説により，ストレッチが筋肉および腱に関連した外傷・障害を予防する可能性があるということが，長期にわたり信じられることとなった[18]。しかし，この仮定に関して実質的に支持する事実は現在の研究で示されておらず，運動前のスタティックストレッチが，外傷・障害のリスクを減少させる可能性がないという反対の見方を裏づける情報がある[18～29]。

軍の新人男性1,538人を対象に行った下肢の外傷・障害予防に関する調査では，12週間の運動前のスタティックストレッチが受傷率に影響を及ぼさなかったことが明らかになった[20]。2001件のストレッチに関する研究のレビューでは，運動前のストレッチが下肢損傷の予防に効果的だという考えを裏づける明白な証拠はないという結論であった[29]。ストレッチと受傷率に関連した大多数の研究と論説では，運動前のスタティックストレッチと受傷率減少との関連

を見つけることができなかった[18, 19, 22, 24～30]。

スタティックストレッチと受傷率減少との関係は示されなかったが，同時にスタティックストレッチが外傷・障害のリスクを増すということも示されなかったことは，述べておかなければならない。スポーツと身体活動による外傷・障害の原因は多面的で，数多くあり，柔軟性は外傷・障害発症を増加または減少させる要因の1つにすぎない。疲労[31]と運動量[32]はともに，物理的に誘発される筋損傷の原因として示唆されてきた。適切にウォームアップを行い，効果的かつ効率的にトレーニングを行うことは，身

体を最適に回復させることとともに，外傷・障害予防のため重要である。ダイナミックウォームアップは，スタティックストレッチをウォームアップに使用した場合より，核心温度を大幅に上げる。この核心温度の上昇によって，身体が冷えているときに受傷することが多い肉ばなれと捻挫に対して，予防のメカニズムが働くことになる。ウォームアップの時間では，スポーツを行う際に起こりうる運動パターンと，そのスポーツに必要な可動域を獲得するためのトレーニングを行う。ダイナミックウォームアップでは，そのスポーツで使うものと似た運動パターンと運動スピードを身体に課す。これが，運動時の受傷の可能性を減少させる。このようにスポーツの運動を模倣することは，スタティックストレッチではできないことである。

全レベルの選手のための実践的な適用

これまでみてきたように，練習や試合前1時間以内にスタティックストレッチを行うことは，パフォーマンスを向上させず，外傷・障害も予防しないことが，有用な研究論文で示されている。しかし，関節可動域の制限や弱い筋肉は，パフォーマンスを低下させ，外傷・障害のリスクを増加させる可能性がある[33]。したがって，すべてのレベル，すべての年齢の選手は，身体の主要筋の柔軟性と関節可動域を改善しなければならない。選手がスタティックストレッチを行う最良の時間帯は，運動後[34, 35]および夕方である。トレーニング終了後にストレッチを行うことは，他の時間にストレッチを行うのと同様に，関節可動域の改善が示された[36]。この本で概説するダイナミックウォームアップは，運動機能を改善するうえでより効果的で具体的であり，よりよい結果をもたらすということが研究によって証明されている[1, 35, 37〜40]。

科学が従来のスタティックストレッチに関する明確な情報を示している現在は，競技パフォーマンス，健康，総合的な幸福を向上させるために，よりよいウォームアップと有効なダイナミックストレッチを学ぶべきときである。

始める前に

　この本は，ダイナミックウォームアップ・エクササイズの総合的ガイドであり，さまざまなスポーツのためのウォームアップ・ルーチンを紹介する。ダイナミックウォームアップ・エクササイズに限らず，どのような種類の身体活動でも，始める前に医師からの許可が必要である。また，漸進的に負荷を加えていく（漸進的オーバーロード）原則に従うことが重要である。

　漸進的オーバーロード（過負荷）とは，ウォームアップ・ルーチンの強度と運動量を系統的に，そして段階的に増加させるという概念である。ウォームアップの**強度**は，可動域，力，運動速度から構成される。**運動量**は，反復数および全体の時間から構成される。

　運動を始めたばかりで，ほとんどトレーニングや試合を経験したことのない選手は，より小さな可動域，低い強度の種目，そしてゆっくりとしたスピードの運動から始めなければならない。ウォーキング・ランジは初心者に適した運動例である。それに対してベント・レッグ・バウンドは，より大きな可動域，より強い力，より速い運動が必要である。これら大部分の運動

ウォーキング・ランジ

ベント・レッグ・バウンド

著者マーク・コヴァックスが，エクササイズの修正をしている。

を始めるにあたって適切な距離は，10 mである。しかし，より上級の選手は，20〜40 mを超える距離で，これらの運動パターンを何回も行う。

　ウォームアップを開始する前に，心拍数，筋温，体温を徐々に上昇させるために，3〜10分間軽い有酸素運動を行う。ジョギング，ステーショナリーバイク（固定式自転車），縄跳びのような単純なエクササイズが，身体を次の段階のために調整する，速くできよい方法である。強度または運動量を1週につき5〜10％以上増加させないことを勧める。これは，あまりにも積極的に進んで，外傷・障害を引き起こすことを予防するためである。

　第Ⅱ部で概説する，個別のスポーツのためのサンプルプログラムは，ダイナミックウォームアップを行っていくのに，よい参考になるだろう。これらのプログラムは，軽度のチャレンジエクササイズからより難度の高いチャレンジエクササイズへと進歩できるように構成されている。筋力，柔軟性，パワー，バランス，協調運動，スピード，持久性が高まるにつれて，この本で示す50以上のエクササイズから，選手1人ひとりのウォームアップ・ルーチンをつくることができるようになる。

安全を期すること

　多くの選手（とくに若い選手）は，さまざまなエクササイズの形だけを行って，正しい技術の習得に集中しない。正しい技術の習得に集中することなしに，体系化されたダイナミックウォームアップから多くの効果は得られない。この本では，各エクササイズの運動パターンごとに，文章による指示と写真を示した。各エクササイズのテクニックを学び，さらに絶えず磨きをかけることができる。また，各エクササイズ

で強化する筋肉を「感じる」ことに集中し，その筋肉を意識的に働かせようとすることが重要なので，各エクササイズで強化されなければならない主要な筋肉も記載した。これらの運動の正確なテクニックは，筋肉を正しく発達させ，そして運動パターンを習得する手助けとなるので，非常に重要である。このように課題に取り組んで，ダイナミックウォームアップ・ルーチンを練習やスポーツの現場において欠かせない項目とすべきである。

　賢くトレーニングを行い，一生懸命に取り組み，競技の成功を修めよう。

Part II
プログラム

この本の使用方法

この本では，さまざまな筋肉，動作，スポーツのために，数多くのエクササイズとウォームアップ・ルーチンを示した。また，これらのエクササイズを，選手の個別の要求に合わせて組み合わせ，プログラムをつくることもできる。ウォームアップだけでなく，アクティブ・リカバリーや全身トレーニングとして使うこともできる。

この本で紹介するエクササイズを使用する機会は，非常に多い。多くの選手は，競技の練習や試合の前に行う10〜15分のウォームアップに使う。これは，パフォーマンスを向上させるために最も多く行われている方法である。エリート選手やプロスポーツ選手の多くは，一般的にトレーニングや試合前の45分を使って，これらのエクササイズを行う。けがからトレーニングに復帰する過程にいる人では，機能的な筋力と柔軟性を改善させるために，トレーニングセッション全体でこれらのエクササイズを行うこともまれではない。

これらのエクササイズのすばらしいところは，機材を必要とせず，小さなスペースで行うことができることである。そして，筋力が強化され，柔軟性が増し，筋持久力が向上するので，絶えず進歩することができる。ダイナミックストレッチ・セッションを，問題がないかぎりほとんど毎日，それができなければ1週間に数日行えば，運動成績を向上させ，けがの危険性を減少させ，さらに日常生活にも利益をもたらす助けになるだろう。

全てのエクササイズは，テクニックに重点を置き，上肢，下肢，体幹部において，正しい姿勢で行うことを忘れてはならない。第Ⅲ部のエクササイズ解説では，完璧なテクニックでエクササイズを行うことに集中できるように，簡潔でわかりやすい説明を記した。

注：次のページから始まる競技種目ごとのプログラムは，競技種目名の50音順に並べた。

アイスホッケー

　ホッケー（アイスホッケーおよびインラインスケート）は，コア（体幹深層）と下半身の筋力・パワー・可動域に重点を置く。すばやく方向を変える能力と瞬発的な側方への動きは，競技の成功のために重要である。ホッケーのウォームアップでは，側方への運動と回旋可動域の改善に集中する必要がある。

アマチュア選手：1セッションに1セット行う　　　　エリート選手：1セッションに2セット行う

ページ	エクササイズ	距離/反復
p.43	ヒール・ウォーク	10 m
p.51	ハムストリング・ハンドウォーク―尺取り虫	10 m
p.52	スパイダーマン・クロール	10 m
p.99	サソリ	10回
p.60	ラテラル・ランジ	10回
p.64	フィギュア・フォー・スクワット	20回
p.66	ラテラル・パス	10回
p.94	ハイニー・ラテラル・スキップ	10回
p.90	10メートル・ムーブメント・シークエンス	各10 m
p.81	ベントレッグ・バウンド	20 m
p.96〜98	ハグ/チアリーダー/ワイパーコンボ	10回

ゴルフ

　ゴルフは，非常に大きい回旋力と瞬発的なパワー運動が要求される．コア，股関節，上肢帯の動的な可動域は，パフォーマンスの向上と外傷・障害予防に不可欠である．ゴルフのウォームアップでは，全ての動きのなかで，コアの安定性と同時に上肢・下肢の回旋運動に重点を置く必要がある．

アマチュア選手：1セッションに1セット行う　　　　エリート選手：1セッションに2セット行う

ページ	エクササイズ	距離/反復
p.44	サイド・アンクル・ウォーク	10 m
p.65	グルーツ・ハム・ブリッジ	10回
p.61	オーバーヘッド・スクワット・プログレッション	10回
p.51	ハムストリング・ハンドウォーク—尺取り虫	10 m
p.52	スパイダーマン・クロール	10 m
p.56	ローテーショナル・ウォーキング・ランジ	10 m
p.96〜98	ハグ/チアリーダー/ワイパーコンボ	10回
p.95	ダイナミック・エンプティー・カン	10回
p.72	コンセントリック・スクワット・ジャンプ	10回
p.50	アッパー・ボディー・ハンドウォーク	10 m
p.66	ラテラル・パス	10回
p.70	カウンタームーブメント・スクワット・ジャンプ	10回

サッカー

　サッカーは，全ての運動面における多方向への動きが必要とされるスポーツである．外傷・障害予防のため，ウォームアップでは，特に腰部，股関節，ハムストリング，股関節屈筋の動的な関節可動域訓練を集中して行う必要がある．

アマチュア選手：1セッションに1セット行う　　　　エリート選手：1セッションに2セット行う

ページ	エクササイズ	距離/反復
p.43	ヒール・ウォーク	10 m
p.44	サイド・アンクル・ウォーク	10 m
p.46	ウォーキング・クアード・ストレッチ	10 m
p.51	ハムストリング・ハンドウォーク―尺取り虫	10 m
p.52	スパイダーマン・クロール	10 m
p.54	リニア・ウォーキング・ランジ	10 m
p.60	ラテラル・ランジ	10回
p.73	パワー・スキップ	20 m
p.78	Aウォーク，スキップ，ラン・プログレッション	20 m
p.80	Bウォーク，スキップ，ラン・プログレッション	20 m
p.92	カリオカ	20 m
p.87	トリプル・ジャンプ・スプリント	20 m

自転車競技

　自転車競技は，大腿四頭筋，ハムストリングと腓腹筋群の強さを必要とする，下肢に重点を置いた運動である。下肢を通してペダルへ力の伝達を行うために，コアは強くなければならない。股関節屈筋とハムストリングの柔軟性は，効率的なペダル・ケイデンス（1分間のクランク回転数）と効率よく1回1回のペダルを漕ぐサイクリング運動に不可欠である。

アマチュア選手：1セッションに1セット行う　　　　エリート選手：1セッションに2セット行う

	ページ	エクササイズ	距離/反復
	p.42	トゥ・ウォーク	10 m
	p.43	ヒール・ウォーク	10 m
	p.61	オーバーヘッド・スクワット・プログレッション	10回
	p.51	ハムストリング・ハンドウォーク—尺取り虫	10 m
	p.52	スパイダーマン・クロール	10 m
	p.99	サソリ	10回
	p.46	ウォーキング・クアード・ストレッチ	10 m
	p.59	ニー・トゥ・チェスト・ホールド・イントゥ・ランジ	20 m
	p.64	フィギュア・フォー・スクワット	10回
	p.72	コンセントリック・スクワット・ジャンプ	5回
	p.71	リピーティド・スクワット・ジャンプ	5回
	p.81	ベントレッグ・バウンド	20 m

水 泳

　水泳（長距離および短距離）では，上肢と下肢の運動の組み合わせと，コアの筋力の助けにより，水の中で力を有効に伝えることが要求される。水泳のウォームアップは，地上または水中で行うことができる。

アマチュア選手：1セッションに1セット行う　　　　エリート選手：1セッションに2セット行う

ページ	エクササイズ	距離/反復
p.42	トウ・ウォーク	10 m
p.43	ヒール・ウォーク	10 m
p.79	オーバーヘッド・スクワット	10回
p.51	ハムストリング・ハンドウォーク―尺取り虫	10 m
p.52	スパイダーマン・クロール	10 m
p.47	ニー・トゥ・ショルダー・ラテラル・ウォーク―フロッグァー	10回
p.60	ラテラル・ランジ	10回
p.50	アッパー・ボディー・ハンドウォーク	10 m
p.95	ダイナミック・エンプティー・カン	10回
p.90	10メートル・ムーブメント・シークエンス	各10 m
p.96〜98	ハグ/チアリーダー/ワイパーコンボ	10回
p.67	オーバーヘッド・パス	10回

スキー

アルペンスキーとノルディックスキーでは，側方への動きを伴う直線的な加速運動が重要である。スキーのウォームアップは，フィジカルパフォーマンス全体を向上させるため，直線および側方への動きの柔軟性とパワーに焦点をあてる。

アマチュア選手：1セッションに1セット行う　　　　エリート選手：1セッションに2セット行う

ページ	エクササイズ	距離/反復
p.42	トウ・ウォーク	10 m
p.43	ヒール・ウォーク	10 m
p.44	サイド・アンクル・ウォーク	10 m
p.51	ハムストリング・ハンドウォーク―尺取り虫	10 m
p.52	スパイダーマン・クロール	10 m
p.60	ラテラル・ランジ	10回
p.73	パワー・スキップ	20 m
p.71	リピーティド・スクワット・ジャンプ	10回
p.86	スクワット・ジャンプ・スプリント	10 m
p.90	10メートル・ムーブメント・シークエンス	各10 m
p.81	ベントレッグ・バウンド	20 m
p.95	ダイナミック・エンプティー・カン	10回

体　操

体操は，多くの異なる構成要素（鞍馬，跳馬，段違い平行棒，吊り輪，床など）からなるスポーツである。体操競技者の総合的な可動域は非常に重要であり，さらに，多方向への瞬発的な動きは，ウォームアップで重視する必要がある。

アマチュア選手：1セッションに1セット行う　　　エリート選手：1セッションに2セット行う

ページ	エクササイズ	距離/反復
p.43	ヒール・ウォーク	10 m
p.45	ニー・トゥ・チェスト・ウォーク	10 m
p.51	ハムストリング・ハンドウォーク—尺取り虫	10 m
p.52	スパイダーマン・クロール	10 m
p.56	ローテーショナル・ウォーキング・ランジ	10 m
p.62	スモウ・スクワット・ウォーク	10 m
p.92	カリオカ	20 m
p.95	ダイナミック・エンプティー・カン	10回
p.96	ハグ	10回
p.97	チアリーダー	10回
p.98	ワイパー	10回
p.67	オーバーヘッド・パス	10回

テニス

テニスを高いレベルでプレーをするためには，柔軟性，パワー，筋力，動的なバランスの組み合わせが必要である。エネルギーが，運動連鎖（キネティックチェーン）を通じて下肢からコア，ラケットを握る上肢へ伝達されるには，強いコアと効果的な筋力と柔軟性が要求される。肩関節部と股関節部の動的な可動域（直線および側方への）は，外傷・障害予防に不可欠である。

アマチュア選手：1セッションに1セット行う　　　　エリート選手：1セッションに2セット行う

	ページ	エクササイズ	距離/反復
	p.43	ヒール・ウォーク	10 m
	p.51	ハムストリング・ハンドウォーク—尺取り虫	10 m
	p.68	アンクル・フリップ	10 m
	p.52	スパイダーマン・クロール	10 m
	p.47	ニー・トゥ・ショルダー・ラテラル・ウォーク—フロッグァー	10回
	p.60	ラテラル・ランジ	10回
	p.89	ラテラル・シャッフル	10回
	p.56	ローテーショナル・ウォーキング・ランジ	10 m
	p.66	ラテラル・パス	10回
	p.90	10メートル・ムーブメント・シークエンス	各10 m
	p.95	ダイナミック・エンプティー・カン	10回
	p.96〜98	ハグ/チアリーダー/ワイパーコンボ	10回

バスケットボール

バスケットボールは，加速，方向転換，ジャンプしながらの敏捷性に重点を置く。したがって，ウォームアップは，これらの分野を重点的に行う。複数の運動面（前後，左右，上下）で，強度の低い運動から強度の高い瞬発的な運動へと移行していく。

アマチュア選手：1セッションに1セット行う　　　　エリート選手：1セッションに2セット行う

ページ	エクササイズ	距離/反復
p.42	トウ・ウォーク	10 m
p.43	ヒール・ウォーク	10 m
p.44	サイド・アンクル・ウォーク	10 m
p.79	オーバーヘッド・スクワット	10回
p.51	ハムストリング・ハンドウォーク―尺取り虫	20 m
p.52	スパイダーマン・クロール	10 m
p.78	Aウォーク，スキップ，ラン・プログレッション	20 m
p.69	スプリット・ジャンプ/ランジ・ジャンプ	20回
p.75	ジャンプ・ジャンプ・スプリント	10 m
p.76	バックペダル	10 m
p.90	10メートル・ムーブメント・シークエンス	各10 m
p.98	ワイパー	10回

バレーボール

バレーボールでは，多方向への運動と，高い確率で必要となる垂直運動に焦点をあてる。バレーボールのウォームアップは，まずコアと下肢の動的な可動域に集中し，次に肩関節の可動域に焦点をあてる必要がある。

アマチュア選手：1セッションに1セット行う　　　　エリート選手：1セッションに2セット行う

ページ	エクササイズ	距離/反復
p.42	トウ・ウォーク	10 m
p.43	ヒール・ウォーク	10 m
p.44	サイド・アンクル・ウォーク	10 m
p.79	オーバーヘッド・スクワット	10回
p.51	ハムストリング・ハンドウォーク―尺取り虫	10 m
p.52	スパイダーマン・クロール	10 m
p.78	Aウォーク，スキップ，ラン・プログレッション	10 m
p.69	スプリット・ジャンプ/ランジ・ジャンプ*	20回
p.88	バービー・スプリント	20 m
p.70	カウンタームーブメント・スクワット・ジャンプ	20回
p.71	リピーティド・スクワット・ジャンプ	20回
p.90	10メートル・ムーブメント・シークエンス	各10 m

*上半身もウォームアップするため，ランジを行いながらハグ，ワイパー，チアリーダーを行う。

フィールドホッケー

　フィールドホッケーは，サッカーに似た運動を必要とする．加速，方向転換，減速能力は，フィールドホッケーで成功するために最も重要である．直線的な運動および横方向への運動が必要であり，またハムストリングの柔軟性は，ハムストリングと腰部の外傷・障害を減らすために非常に重要である．

アマチュア選手：1セッションに1セット行う　　　　エリート選手：1セッションに2セット行う

ページ	エクササイズ	距離/反復
p.42	トウ・ウォーク	10 m
p.43	ヒール・ウォーク	10 m
p.44	サイド・アンクル・ウォーク	10 m
p.51	ハムストリング・ハンドウォーク―尺取り虫	10 m
p.52	スパイダーマン・クロール	10 m
p.53	ストレートレッグ・マーチ	10 m
p.60	ラテラル・ランジ*	10回
p.56	ローテーショナル・ウォーキング・ランジ	10 m
p.63	ロウ・スクワット・ウォーク	10 m
p.78	Aウォーク，スキップ，ラン・プログレッション	20 m
p.80	Bウォーク，スキップ，ラン・プログレッション	20 m
p.87	トリプル・ジャンプ・スプリント	20 m

*上半身もウォームアップするため，ランジを行いながらハグ，ワイパー，チアリーダーを行う．

フットボール―オーストラリアルール

オーストラリアルールのフットボールでは，かなりの距離を短時間でカバーしなければならない。最大スピードのスプリントがよくみられる。したがって，すばやく瞬発的な方向転換を主体とした運動のために，コアの筋力を強化すると同時に，ハムストリングと腰部の関節可動域を改善することが重要である。

アマチュア選手：1セッションに1セット行う　　　　エリート選手：1セッションに2セット行う

ページ	エクササイズ	距離/反復
p.42	トウ・ウォーク	10 m
p.43	ヒール・ウォーク	10 m
p.44	サイド・アンクル・ウォーク	10 m
p.46	ウォーキング・クアード・ストレッチ	10 m
p.51	ハムストリング・ハンドウォーク―尺取り虫	10 m
p.53	ストレートレッグ・マーチ	10 m
p.52	スパイダーマン・クロール	10 m
p.54	リニア・ウォーキング・ランジ	20 m
p.60	ラテラル・ランジ	10回
p.74	ハイ・ニー・ラン	20 m
p.80	Bウォーク，スキップ，ラン・プログレッション	20 m
p.87	トリプル・ジャンプ・スプリント	20 m

フットボール―スキルポジション

　ランニングバック，ワイドレシーバーやコーナーバックのようなスキルポジションは，迅速な方向転換と減速能力とともに，爆発的な加速能力を必要とする。股関節屈筋群とハムストリングの可動域は，スピードを向上させ，スキルポジション選手共通の外傷・障害を減少させるために不可欠である。これらの筋肉は，ウォームアップの時間で重点的にトレーニングする必要がある。

アマチュア選手：1セッションに1セット行う　　　　　エリート選手：1セッションに2セット行う

ページ	エクササイズ	距離/反復
p.42	トウ・ウォーク	10 m
p.43	ヒール・ウォーク	10 m
p.44	サイド・アンクル・ウォーク	10 m
p.51	ハムストリング・ハンドウォーク―尺取り虫	10 m
p.52	スパイダーマン・クロール	10 m
p.60	ラテラル・ランジ	20回
p.73	パワー・スキップ	10 m
p.78	Aウォーク，スキップ，ラン・プログレッション	10 m
p.86	スクワット・ジャンプ・スプリント	10 m
p.90	10メートル・ムーブメント・シークエンス	各20 m
p.82	ストレートレッグ・バウンド	20 m
p.96～98	ハグ/チアリーダー/ワイパーコンボ	10回

フットボール—ラインマン

フットボールのラインポジションは，直線方向への圧倒的な瞬発力を必要とするが，すばやい側方運動も必要である。上肢の筋力と柔軟性が必要で，特に手関節と前腕に焦点をあてる。また，股関節屈筋の可動域は，下肢のパワーの生成と加速に重要である。

アマチュア選手：1セッションに1セット行う　　　　エリート選手：1セッションに2セット行う

ページ	エクササイズ	距離/反復
p.43	ヒール・ウォーク	10 m
p.44	サイド・アンクル・ウォーク	10 m
p.51	ハムストリング・ハンドウォーク—尺取り虫	10 m
p.52	スパイダーマン・クロール	10 m
p.47	ニー・トゥ・ショルダー・ラテラル・ウォーク—フロッグァー	10回
p.63	ロウ・スクワット・ウォーク	10 m
p.60	ラテラル・ランジ	10回
p.64	フィギュア・フォー・スクワット	10回
p.50	アッパー・ボディー・ハンドウォーク	10 m
p.62	スモウ・スクワット・ウォーク	10 m
p.90	10メートル・ムーブメント・シークエンス	各10 m
p.96〜98	ハグ/チアリーダー/ワイパーコンボ	10回

ボディビル

　ボディビルは，筋肉の大きさ，厚さ，左右対称と，体脂肪を少なくすることに重点を置く。ウォームアップでは，外傷・障害の可能性を減らすため，体の全ての筋肉に集中する必要がある。これらのエクササイズは，心肺機能のトレーニングとして行うこともできる。

アマチュア選手：1セッションに1セット行う　　　　エリート選手：1セッションに2セット行う

ページ	エクササイズ	距離/反復
p.42	トウ・ウォーク	10 m
p.79	オーバーヘッド・スクワット	10回
p.46	ウォーキング・クアード・ストレッチ	10 m
p.65	グルーツ・ハム・ブリッジ	10回
p.48	ワンレッグ・ウォーキング・オポジット−ダチョウ	20回
p.59	ニー・トゥ・チェスト・ホールド・イントゥ・ランジ	10 m
p.60	ラテラル・ランジ	20回
p.64	フィギュア・フォー・スクワット	20回
p.63	ロウ・スクワット・ウォーク	10 m
p.72	コンセントリック・スクワット・ジャンプ	10回
p.96	ハグ	10回
p.98	ワイパー	10回

野球/ソフトボール

野球とソフトボールは，高いレベルの回旋性筋力と柔軟性を必要とするスポーツである。ボールを打つには，下肢からの力を，コア，腕を通し，バットへと，効率よく伝達する運動連鎖を必要とする。これは，パワフルなボールコンタクトを可能にする。ウォームアップは，バッティングのためには回旋運動に焦点をあてるが，走塁のためには直線的な運動も必要になる。

アマチュア選手：1セッションに1セット行う　　　　エリート選手：1セッションに2セット行う

ページ	エクササイズ	距離/反復
p.43	ヒール・ウォーク	10 m
p.45	ニー・トゥ・チェスト・ウォーク	10 m
p.51	ハムストリング・ハンドウォーク―尺取り虫	10 m
p.52	スパイダーマン・クロール	10 m
p.56	ローテーショナル・ウォーキング・ランジ	20 m
p.62	スモウ・スクワット・ウォーク	10 m
p.92	カリオカ	20 m
p.78	Aウォーク，スキップ，ラン・プログレッション	20 m
p.96	ハグ	10回
p.97	チアリーダー	10回
p.98	ワイパー	10回
p.88	バーピー・スプリント	10 m

ラグビー

　ラグビーは，パワー，筋力，アジリティー（敏捷性），スピード，持久性の組み合わせを必要とするスポーツである。したがって，ウォームアップは，全ての運動面での活動を必要とする。側方，直線，多方向への動きを組み込まれなければならない。さらに，いろいろな距離を用いて，加速から最速に至る運動をトレーニングとして行う必要がある。

アマチュア選手：1セッションに1セット行う　　　　エリート選手：1セッションに2セット行う

ページ	エクササイズ	距離/反復
p.42	トウ・ウォーク	10 m
p.43	ヒール・ウォーク	10 m
p.44	サイド・アンクル・ウォーク	10 m
p.51	ハムストリング・ハンドウォーク―尺取り虫	10 m
p.52	スパイダーマン・クロール	10 m
p.99	サソリ	10回
p.60	ラテラル・ランジ	10回
p.58	エルボー・トゥ・ニー・ランジ	10 m
p.62	ロウ・スクワット・ウォーク	10 m
p.78	Aウォーク，スキップ，ラン・プログレッション	20 m
p.80	Bウォーク，スキップ，ラン・プログレッション	20 m
p.87	トリプル・ジャンプ・スプリント	20 m

ラクロス

ラクロスでは，ランニング，キャッチ，スローイングを行うにあたって，上半身と下半身を同時に使う。そのため，上肢・下肢・コアの筋力を組み合わせ，全ての運動面での動き（3次元的な動き）ができることが要求される。ラクロスのウォームアップ・ルーチンは，これらの多関節運動および多面運動に集中する必要がある。

アマチュア選手：1セッションに1セット行う　　　　エリート選手：1セッションに2セット行う

ページ	エクササイズ	距離/反復
p.42	トウ・ウォーク	10 m
p.43	ヒール・ウォーク	10 m
p.44	サイド・アンクル・ウォーク	10 m
p.51	ハムストリング・ハンドウォーク―尺取り虫	10 m
p.52	スパイダーマン・クロール	10 m
p.55	ストレートレッグ・ウォーキング・ランジ	10 m
p.60	ラテラル・ランジ*	10回
p.56	ローテーショナル・ウォーキング・ランジ	10 m
p.78	Aウォーク，スキップ，ラン・プログレッション	10 m
p.50	アッパー・ボディー・ハンドウォーク	10 m
p.87	トリプル・ジャンプ・スプリント	20 m

*上半身もウォームアップするため，ランジを行いながらハグ，ワイパー，チアリーダーを行う。

ラケットボール/スカッシュ

スカッシュとラケットボールには，同じような身体的条件があり，下半身の多方向に対する瞬発的な運動が必要である。ストロークの瞬間には，運動連鎖を使ってグラウンドからのエネルギーを伝達しなければならない。回旋運動に必要な筋力の活用と可動域は不可欠であり，ウォームアップにはそれらの要素を組み込まなければならない。

アマチュア選手：1セッションに1セット行う　　　エリート選手：1セッションに2セット行う

ページ	エクササイズ	距離/反復
p.43	ヒール・ウォーク	10 m
p.44	サイド・アンクル・ウォーク	10 m
p.79	オーバーヘッド・スクワット	10回
p.51	ハムストリング・ハンドウォーク—尺取り虫	10 m
p.52	スパイダーマン・クロール	10 m
p.63	ロウ・スクワット・ウォーク	10 m
p.78	Aウォーク，スキップ，ラン・プログレッション	10 m
p.50	アッパー・ボディー・ハンドウォーク	10 m
p.56	ローテーショナル・ウォーキング・ランジ*	10 m
p.71	リピーティド・スクワット・ジャンプ	10回
p.90	10メートル・ムーブメント・シークエンス	各10 m
p.84	クイック・フィート・スプリント	10 m

*上半身もウォームアップするため，ランジを行いながらハグ，ワイパー，チアリーダーを行う。

陸上競技—短距離と跳躍

100 m走や200 m走のような短距離種目は，高いレベルでの直線的な加速と最高速度能力を必要とする。これらの競技では，外傷・障害を減らすため，下肢の柔軟性とコアの強化を目的とした直線的なウォームアップを行う。

アマチュア選手：1セッションに1セット行う　　　エリート選手：1セッションに2セット行う

ページ	エクササイズ	距離/反復
p.42	トウ・ウォーク	10 m
p.43	ヒール・ウォーク	10 m
p.44	サイド・アンクル・ウォーク	10 m
p.83	アンクル・タップ	10 m
p.51	ハムストリング・ハンドウォーク—尺取り虫	10 m
p.52	スパイダーマン・クロール	10 m
p.99	サソリ	10回
p.73	パワー・スキップ	30 m
p.71	リピーティド・スクワット・ジャンプ	10回
p.86	スクワット・ジャンプ・スプリント	30 m
p.78	Aウォーク，スキップ，ラン・プログレッション	40 m
p.80	Bウォーク，スキップ，ラン・プログレッション	40 m

陸上競技―長距離

　長距離種目では，直線的な動きに集中するようなウォームアップが必要とされる。また，運動効率をよくするため，下肢の適切な柔軟性とコアの筋力も必要であり，それによって1歩あたりのエネルギー使用を少なくすることができる。

アマチュア選手：1セッションに1セット行う　　　　エリート選手：1セッションに2セット行う

ページ	エクササイズ	距離/反復
p.42	トウ・ウォーク	10 m
p.43	ヒール・ウォーク	10 m
p.44	サイド・アンクル・ウォーク	10 m
p.83	アンクル・タップ	10 m
p.51	ハムストリング・ハンドウォーク―尺取り虫	10 m
p.52	スパイダーマン・クロール	10 m
p.99	サソリ	10回
p.73	パワー・スキップ	20 m
p.71	リピーティド・スクワット・ジャンプ	10回
p.77	バックワード・ラン	10 m
p.78	Aウォーク，スキップ，ラン・プログレッション	20 m
p.80	Bウォーク，スキップ，ラン・プログレッション	40 m

陸上競技――投擲

　円盤投げ，砲丸投げ，ハンマー投げ，槍投げのような投擲種目では，爆発的な単一の動作を要求される。つまり，複数の運動面において動的な可動域を通して，爆発的なパワーの生成が必要となる。

アマチュア選手：1セッションに1セット行う　　　エリート選手：1セッションに2セット行う

ページ	エクササイズ	距離/反復
p.44	サイド・アンクル・ウォーク	10 m
p.61	オーバーヘッド・スクワット・プログレッション	10回
p.51	ハムストリング・ハンドウォーク―尺取り虫	10 m
p.52	スパイダーマン・クロール	10 m
p.99	サソリ	10回
p.56	ローテーショナル・ウォーキング・ランジ	20 m
p.60	ラテラル・ランジ	20回
p.96～98	ハグ/チアリーダー/ワイパーコンボ	10 m
p.95	ダイナミック・エンプティー・カン	10回
p.70	カウンタームーブメント・スクワット・ジャンプ	20回
p.50	アッパー・ボディー・ハンドウォーク	10 m
p.66	ラテラル・パス	20回

レスリング

レスリングは，全身の強い筋力と柔軟性を必要とする。そのため，他のスポーツではみられないポジションや，通例とは異なるポジションでの運動を重視するウォームアップが必要とされる。

アマチュア選手：1セッションに1セット行う　　　　　エリート選手：1セッションに2セット行う

	ページ	エクササイズ	距離/反復
	p.43	ヒール・ウォーク	10 m
	p.45	ニー・トゥ・チェスト・ウォーク	10 m
	p.51	ハムストリング・ハンドウォーク—尺取り虫	10 m
	p.52	スパイダーマン・クロール	10 m
	p.99	サソリ	10回
	p.56	ローテーショナル・ウォーキング・ランジ*	20 m
	p.52	スモウ・スクワット・ウォーク	20 m
	p.63	ロウ・スクワット・ウォーク	20 m
	p.89	ラテラル・シャッフル	20 m
	p.88	バーピー・スプリント	20 m
	p.50	アッパー・ボディー・ハンドウォーク	20 m

*上半身もウォームアップするため，ランジを行いながらハグ，ワイパー，チアリーダーを行う。

Part III
エクササイズ

トウ・ウォーク

toe walk

目 的
足関節周囲の筋力，機能的な関節可動域と安定性を向上させ，腓腹筋群を強化する。

スターティングポジション
肩を後ろに引き，よい姿勢を保つ。

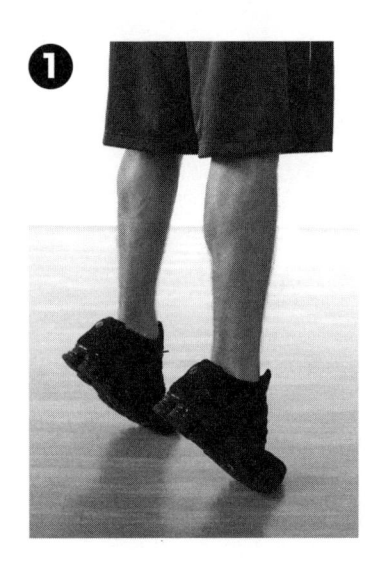

1 両足の踵を上げ，母趾球でバランスをとる。

2 左足を前に踏み出し，母趾球で地面を押し，つま先を伸ばすように努力する。この運動は，腓腹筋群の収縮を活性化させる。

右足を前に踏み出し，同じプロセスを繰り返す。

左右交互に動作を続ける。

heel walk

ヒール・ウォーク

目 的
足関節周囲の筋力，機能的な関節可動域と安定性を向上させる。シンスプリント予防のために，脛骨周辺の筋肉も強化する。

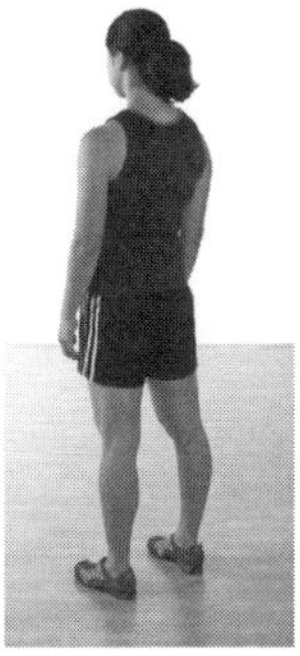

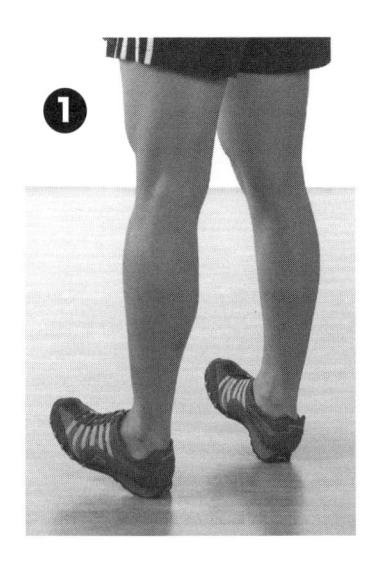

スターティングポジション
肩を後ろに引き，よい姿勢を保つ。

1 つま先を地面から引き上げる。

2 つま先を宙に浮かしたまま，左足を前に踏み出す。体重を左の踵に乗せる。この運動は，前脛骨筋（膝から足関節まで，脚の前面を下降する筋肉）を活性化させる。

右足を前に踏み出し，同じプロセスを繰り返す。

左右交互に動作を続ける。

サイド・アンクル・ウォーク

side ankle walk

目 的
足関節周囲の筋力，機能的な関節可動域と安定性を向上させる。最も頻度が高い足関節捻挫（足関節の内転，回外強制による，足関節の内がえし捻挫）を防止するために，筋肉，腱，靱帯の強化に焦点を当てる。

スターティングポジション
肩を後ろに引き，よい姿勢を保つ。

スターティングポジション

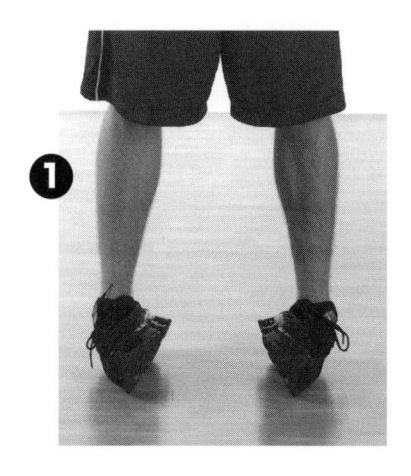

1 足を内がえしにして両足の外側縁でバランスを保つ。

2 右足を前に踏み出し，体重を右足の外側に置く。その結果，右足のアーチが地面から離れる。

左足を前に踏み出し，同じプロセスを繰り返す。

左右交互に動作を続ける。

Part III　エクササイズ　**45**

knee to chest walk

ニー・トゥ・チェスト・ウォーク

スターティングポジション

目　的
動的バランスと姿勢の調整力を向上させ，腰部と股関節屈筋群の機能的柔軟性を改善する。

スターティングポジション
肩を後ろに引き，よい姿勢を保つ。

❶

❷

1 左膝を浮かせ，両手で左膝をつかみ，高く引き上げ，胸に近づける。同時に，右のつま先で立ち，踵から頭頂部まで伸展した直立姿勢を保つ。約2秒間この姿勢を保つ。

2 ゆっくりと膝を離し，左足を前に踏み出し，このプロセスを繰り返す。

左右交互に動作を続ける。

ウォーキング・クアード・ストレッチ

walking quad stretch

目 的
片脚のバランスを改善すると同時に，股関節屈筋と大腿四頭筋の柔軟性を向上させる。

スターティングポジション
肩を後ろに引き，よい姿勢を保つ。

1 左膝を曲げ，左手で左足を背後でつかむ。同時に，右足でつま先立ちになる。約2秒間この姿勢を保つ。

2 左足を離して前に踏み出し，右脚でこのプロセスを繰り返す。
左右交互に動作を続ける。

knee to shoulder lateral walk—frogger

ニー・トゥ・ショルダー・ラテラル・ウォーク―フロッグァー

目 的
股関節の機能的な関節可動域を改善する。とくに多肢の協調運動（コーディネーション）を改善する過程で，股関節外旋筋群を発達させる。

スターティングポジション
肩を後ろに引き，よい姿勢を保つ。腕を肩の高さまで上げ，横に伸ばし，手のひらを正面に向ける。

スターティングポジション

1 左の股関節を屈曲し，上げ始めると同時に外旋し，膝を脇の下の方向に導く。

2 左脚を下げ，右脚でこのプロセスを繰り返す。

左右交互に動作を続ける。

❶

❷

上級者用
さらなるチャレンジのために，この動作をスキップしながら行う。さらに上の段階の協調運動が要求され，さらに大きなプライオメトリック反応を引き起こす。

ワンレッグ・ウォーキング・オポジット―ダチョウ

目 的
機能的な関節可動域，バランスと多肢協調運動を向上させる。

スターティングポジション
肩を後ろに引き，よい姿勢を保つ。

1~2 右足を前に踏み出す。右腕を頭上に伸ばしながら，膝を若干屈曲させる。それからゆっくりと，左脚を背後にまっすぐ伸展させる。同時に，左腕を横へ伸ばす。

Part III　エクササイズ　**49**

one-leg walking opposite—ostrich

3 脊柱をニュートラルポジション【注】に保ち，前方を見ながら（下を見ないようにする），ゆっくり腰を曲げ，左手を前方に動かし，右のつま先を触る。約2秒間この姿勢を保つ。バランスをとるために右腕を横に広げてもよい。殿筋とハムストリングに伸張（ストレッチ）を感じるはずである。

4 動作を逆の順番にゆっくりと行い，スターティングポジションへ戻る。

反対側でも繰り返し，左右交互に動作を続ける。

初心者用

「ダチョウ」は，ほとんどの人にとってチャレンジである。「飛行機」はいくぶん簡単である。左手で右のつま先を触るかわりに，Tの字をつくるように両腕を横に広げる。

【注】**ニュートラルポジション**：脊柱の自然なカーブを表わし，脊柱にかかるストレスが最も少ない体位。

アッパー・ボディー・ハンドウォーク

upper body handwalk

目 的
上肢の筋力と持久性を高め，特に肩の安定性を維持する筋肉を強化する。

スターティングポジション
両手を床に置き，両足を後ろに下げ，腕立て伏せのポジションをとる。

1～3 よい腕立て伏せのポジションを維持して，両手で左方向に歩く。右方向へ繰り返す。

hamstring handwalk—inchworm

ハムストリング・ハンドウォーク―尺取り虫

目 的
腕，肩，コア（体幹深層）の筋力を向上させながら，ハムストリングと腰部の機能的な柔軟性を改善する。

スターティングポジション
両脚をまっすぐに保ちながら，手のひらを地面の上に置く。できるだけ前方の遠いところに置く。踵が地面に接地していることと腕が伸展していることを確認する。

1~2 背中と脚をまっすぐに保ちながら，膝を曲げずに，ゆっくり足で手の方向に近づく。腰部とハムストリングに伸張を感じるだろう。

3 できるだけ手に近づいたら，ゆっくり手で前方に歩き，スターティングポジションに戻る。

この一連の動作を続ける。

スパイダーマン・クロール

spiderman crawl

目 的
腕，肩，コアの筋力を向上させながら，股関節部と腰部の機能的な柔軟性を改善する。

スターティングポジション
立位のポジションから，約45°左に，小〜中程度の歩幅で足を踏み出す。腰と膝を曲げ，前方に這う。脊柱のニュートラルポジションを維持しながら，左足・膝の方向へ手で歩く。眼は前方をまっすぐに見続ける。

1〜3 右の方向へ左手を交差させ，右足をゆっくり前に出し，歩く。

straight-leg march

ストレートレッグ・マーチ

目 的
ハムストリングと腰部の柔軟性を改善する。

スターティングポジション
肩を後ろに引き，よい姿勢を保つ。腕を肩の高さで前方に伸ばす。

スターティングポジション

1 右脚をまっすぐに伸ばしたまま，つま先が指に触るように引き上げる。膝を曲げないよう努力する。へそを背中に向かって押し込み，肩を後ろに引き，よい姿勢を維持することに集中する。

2 右脚を地面に下ろし，左脚で繰り返す。

左右交互に動作を続ける。

バリエーション
ストレート・レッグ・スキップは，基本的に同じ運動パターンであるが，運動速度が上がる。歩行運動ではなく，スキップ運動である。これは高度な運動で，腰部とハムストリングの機能的な柔軟性の良好な基礎レベルを必要とする。

リニア・ウォーキング・ランジ

linear walking lunge

目 的
大腿四頭筋，殿筋とコアの筋力を強化し，股関節屈筋の機能的可動域を改善する。

スターティングポジション
肩を後ろに引き，よい姿勢を保つ。両手で反対側の肘を持ち，肩の高さまで上げてこれを保持する。

1 右足を前に踏み出し，後ろの膝（左膝）を曲げる。左膝を地面に3〜7 cmの高さまで近づけ，左股関節の真下に位置させる。右膝は90°屈曲させ，右足関節の真上に位置させる。

2 左足で踏み切り，次のランジのために前方へ引き出す。

左右交互に動作を続ける。

バリエーション
このランジ動作は，さまざまな上肢のポジションで行うことができる。たとえば，両腕を頭上にまっすぐに伸ばす。または，両腕を肩の高さで横に広げる（Tポジション）。上肢の位置と上部体幹部の位置を変化させることによって，異なった運動面を使って，腰部と体幹部をさまざまな角度で伸ばすことができる。

Part III　エクササイズ

straight-leg walking lunge

ストレートレッグ・ウォーキング・ランジ

目 的

大腿四頭筋，殿筋とコアの筋力を強化し，股関節屈筋の柔軟性を改善する。

スターティングポジション

肩を後ろに引き，よい姿勢を保つ。両手で反対側の肘を持ち，肩の高さまで上げてこれを保持する。

スターティングポジション

❶

1　右脚をまっすぐに保ちながら，左足を前方に踏み出し，左膝を90°まで曲げる。左膝は左足関節の真上に位置させる。

2　右足で踏み切り，次のランジのために前方へ引き出す。

左右交互に動作を続ける。

❷

ローテーショナル・ウォーキング・ランジ

目 的
大腿四頭筋，殿筋とコアの筋力を強化し，股関節屈筋群と体幹の回旋筋群の機能的な柔軟性を改善する。

スターティングポジション
肩を後ろに引き，よい姿勢を保つ。両手で反対側の肘を持ち，肩の高さまで上げてこれを保持する。

1~2
左足を前に踏み出し，後ろの膝（右膝）を曲げる。右膝を地面に3〜7 cmの高さまで近づけ，右股関節の真下に位置させる。左膝は90°屈曲させ，左足関節の真上に位置させる。重心を下ろし，左下肢の上で腰部からゆっくりと上体を捻じり，左に回旋させる。

Part III　エクササイズ

rotational walking lunge

3 右足で踏み切り，次のランジのために前方へ引き出す。今度は右に回旋する。

左右交互に動作を続ける。

バリエーション

このエクササイズは腕の位置を変えて行うことができる。そうすることで，コアの筋力強化に変化をつけることになる。

頭上にまっすぐ手を伸ばし，左右の手を握ると，脊柱が引き伸ばされ，腰部の筋肉（脊柱起立筋と多裂筋）により大きな伸張が与えられる。

左右の手を握らずに，頭上にまっすぐ手を伸ばすと，腹斜筋と股関節回旋筋群が大きく広がる。

頭上にまっすぐ手を伸ばしてから，ランジの前脚に反対の手を届かせるように伸ばし，回旋すると，上背と中背部の筋肉の伸張が改善する。

エルボー・トゥ・ニー・ランジ

elbow to knee lunge

目 的
股関節屈筋群，殿筋と股関節回旋筋群の機能的柔軟性を向上させる。

スターティングポジション
肩を後ろに引き，よい姿勢を保つ。両手で反対側の肘を持ち，肩の高さまで上げてこれを保持する。

1 左脚をまっすぐに保ちながら，右足を前方に踏み出す。右膝を90°に曲げる。右膝は右足関節の真上に位置させる。重心を下ろしながら，背中はまっすぐに保持し，右肘で右膝の内側を押す。約2秒間このポジションを保つ。

左足で踏み切り，次のランジのために前方へ引き出す。左右交互に動作を続ける。

バリエーション

このエクササイズは，後ろの脚が曲がった状態でも行うことができる。この場合，後ろの膝は，後ろの股関節の真下で，地面から約3〜7 cmのところに位置させる。

knee-to-chest hold into lunge

ニー・トゥ・チェスト・ホールド・イントゥ・ランジ

目 的
体幹と下半身のバランス，協調運動，筋力を改善する。
これは，ニー・トゥ・チェスト・ウォークとリニア・ウォーキング・ランジとの組み合わせである。

スターティングポジション
肩を後ろに引き，よい姿勢を保つ。

1 右膝を浮かせ，両手で右膝をつかみ，高く引き上げ，胸に近づける。同時に，左足でつま先立ちになり，踵から背中，頭頂までまっすぐな姿勢を保つ。約2秒間このポジションを保つ。

2 右足を前に踏み出し，後ろの膝を曲げる。左膝を地面に3〜7 cmの高さまで近づけ，左股関節の真下に位置させる。右膝は90°に屈曲し，右足関節の真上に位置させる。

ラテラル・ランジ

lateral lunge

目 的
殿筋，ハムストリング，鼡径部のダイナミックストレッチを行いながら，股関節外側方向の関節可動性を改善する。

スターティングポジション
アスレチックスタンス【注】をとる。

1 つま先は正面に向けたまま，右方向に右足を踏み出す。重心をゆっくりと股関節まで下ろし，両股関節を結ぶ線（地面と平行な線）を右膝の高さに合わせる。右膝を約90°に曲げる。脊柱を垂直にし，肩を後ろに引き，よい姿勢で，約2秒間このポジションを保つ。

2~3 重心が中央に位置するように，左脚を引き寄せる。この運動を左側で繰り返す。

左側で1回この動作を行い，スターティングポジションに戻る。それから，右側で同じ動作を行う。

【注】アスレチックスタンス：足を肩幅くらいに開き，股関節，膝関節，足関節を軽度屈曲し，コアを強く働かせ，脊柱を直立させ，どの方向へも素早く移動できるポジション。

overhead squat progression

オーバーヘッド・スクワット・プログレッション

目 的
ハムストリングの柔軟性，股関節の可動性を改善するとともに，肩甲骨周囲の筋力，柔軟性，安定性を向上させる。

スターティングポジション
足を肩幅に開いて立ち，両手で棒を持つ。脚をまっすぐに保ちながら前屈し，棒を靴ひもの真上まで下ろす。

スターティングポジション

1 ディープ・スクワットのポジションまで殿部を下げる。

2〜3 棒を頭上まで引き上げ，背中をまっすぐにして，前方を見る。

4 腕を頭上で伸展したまま，ゆっくりと立ち上がる。

スモウ・スクワット・ウォーク

sumo squat walk

目 的
殿筋，大腿四頭筋，コアの筋力を強化しながら，股関節の関節可動性を改善する。

スターティングポジション
肩を後ろに引き，足を肩幅に開いて立ち，よい姿勢を保つ。

1 両手で反対側の肘を持ち，肩の高さまで上げる。右のつま先を外側（右側）に向け，右足を右へ踏み出す。同時に，左のつま先も外側（左側）に向ける。両方のつま先を外側に向けたら，肩を後ろに引き，背筋を伸ばした姿勢を保ちながら，全ての体重を殿筋に乗せ，椅子に座るふりをする。上半身をよい姿勢に保ちながら，「腰砕け」にならない範囲でできるだけ低い位置まで重心を下げる。約2秒間このポジションを保つ。

2 重心を上げ，スターティングポジションに戻る。体を180°回転して，同じ動作を行う。

毎回スクワットの深さを増すようにして，繰り返す。

上級者用
さらなるチャレンジを試みるには，スクワットで沈み込むときに両腕を上に上げる。このポジションでは，腕を上げることによって重心の位置が上がり，難度が上がる。

low squat walk

ロウ・スクワット・ウォーク

目 的
股関節部，下半身，コアの筋力を強化する。

スターティングポジション
肩幅より少し広めに膝を広げ，フルまたはディープ・スクワット・ポジションまで，少なくとも地面と平行になるまで，股関節を下げる。理想的には，コアを強く働かせ，脊柱が直立した姿勢を保持しながら，股関節を膝の高さより下まで下げる。両手で反対側の肘を持ち，肩の高さまで上げてこれを保持する。

スターティングポジション

1 ロウ・スクワットで，低い重心を維持しながら，右足で小さく前に1歩踏み出す。

2 左足で繰り返す。

左右交互に動作を続ける。

フィギュア・フォー・スクワット

figure-4 squat

目 的

殿筋と大腿四頭筋の筋力を強化しながら，股関節外旋筋群の柔軟性を改善する。また，多肢の協調運動と片脚のバランスを向上させる。

スターティングポジション

足を肩幅に開き，肩を後ろに引いたよい姿勢で立つ。両手で反対側の肘を持ち，肩の高さまで上げてこれを保持する。

1～2 右脚を持ち上げ，股関節を外旋し，膝を屈曲する。そして，右足関節の外側を左大腿部の上に置く。ゆっくり左股関節を下ろし，ワン・レッグ・スクワット・ポジションをとる。このエクササイズは左脚と左股関節周囲の筋力を強化しながら，右股関節外旋筋群のストレッチを行う。

3 スターティングポジションに戻り，180°回転して，反対側で同じ動作を行う。

同じプロセスを繰り返す。上半身の安定したポジションを維持しながら，毎回スクワットの深さを増すようにして，繰り返す。

glute ham bridge

グルーツ・ハム・ブリッジ

目 的
腰部，ハムストリングと殿筋の可動域を改善する。

スターティングポジション
背臥位（仰向け）になり，腕を横に添える。両膝を曲げて，両足を殿部に近づけ，床の上に置く。

1　首から背中にかけてよい姿勢を保ちながら，右膝を胸に抱え込む。

2　左足で地面を押し，膝から肩甲骨が一直線になるまで，両股関節を浮かせる。

スターティングポジションに戻って，反対側で繰り返す。

ラテラル・パス

lateral pass

目 的
腰部と股関節部の回旋可動域を改善し，多肢の協調運動を向上させる。

スターティングポジション
アスレチックスタンスをとり，メディシンボールを持ち，トレーニングパートナーと背中合わせに立つ。

1〜2 立っている場所を定位置とし，足を動かさないようにしながら，体を左に捻じり，パートナーにボールを渡す。

3 反対側に体を捻じり，パートナーからボールを受け取る。

Part III　エクササイズ

overhead pass

オーバーヘッド・パス

目　的
広背筋の可動域を改善して，上肢の筋力と柔軟性を向上させる。

スターティングポジション
メディシンボールを持ち，トレーニングパートナーと背中合わせに立つ。

$1\sim2$　ボールを頭上にまっすぐ持ち上げ，若干後ろにそらし，パートナーに渡す。

3　パートナーは，同じ動作を繰り返す。

アンクル・フリップ

ankle flips

目　的

足関節周囲の筋肉の機能的な可動域と瞬発力を高める。すね（前脛骨筋）とふくらはぎ（腓腹筋-ヒラメ筋複合体）の力を生み出す能力も高める。

スターティングポジション

足を肩幅に開き，肩を後ろに引いたよい姿勢で立つ。

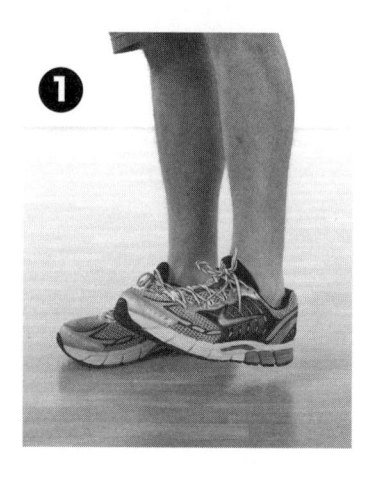

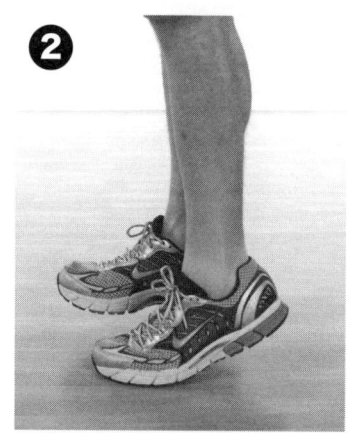

1 左脚をまっすぐに保ちながら，つま先を上に向け（足関節背屈），左足を持ち上げる。

2 すばやくそして力強く，左足で地面を叩く。左足が地面に接触すると同時に，右のつま先を上に向け，右足を持ち上げる。

コアに力を入れ，上半身のよい姿勢を維持しながら，このサイクルを続ける。

Part III　エクササイズ

split jumps/lunge jumps

スプリット・ジャンプ/ランジ・ジャンプ

目 的
片脚の筋力，バランス，協調運動を改善しながら，下半身全体の瞬発力を高める。

スターティングポジション
足を肩幅に開き，肩を後ろに引いたよい姿勢で立つ。

❶ 左足を1歩前に踏み出し，ランジのポジションをとる。前に出した膝を90°に曲げ，足関節の真上に位置させる。両肘を90°に曲げる。

❷ このランジのポジションから，肘を90°に保ちながら，股関節部と腕を振り上げ，上へ垂直に，爆発的にジャンプする。空中で，後ろ脚（右脚）を前に振り出し，ランジのポジションで着地する。

右足を前にして着地したら，できるだけすばやく，瞬発的に高く空中に戻る。左右交互に動作を続ける。

カウンタームーヴメント・スクワット・ジャンプ

countermovement squat jumps

目 的
下半身全体の瞬発的なパワーを高める。

スターティングポジション
足を肩幅に開き，肩を後ろに引いたよい姿勢で立つ。

1~2 膝が90～135°になるまでスクワットを行う。低い姿勢になったら，その姿勢で止まることなく，すぐに上へ垂直に，瞬発的にジャンプする。地面からのパワーを足関節，膝，股関節を通して伝達し（トリプル・エクステンション），ジャンプする。両腕を高く上げる。

3 効果的な衝撃吸収を考え，着地するときには，静かに膝を曲げる。着地の姿勢を2秒間保持する。着地の姿勢の保持は，減速能力の向上に作用する。これは，トレーニング期間およびスポーツ競技中の外傷・障害予防のために重要である。

スターティングポジションに戻り，動作を繰り返す。

repeated squat jumps

リピーティド・スクワット・ジャンプ

目 的
反復的なプライオメトリック【注】の能力を改善しながら，下半身全体の瞬発的なパワーを高める。

スターティングポジション
アスレチックスタンスをとる。

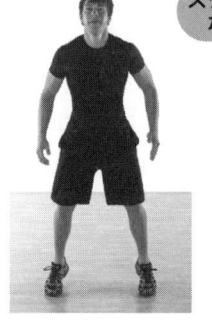

1~2 膝が90〜135°になるまでスクワットを行う。低い姿勢になったら，その姿勢で止まることなく，すぐに上へ垂直に，瞬発的にジャンプする。地面からのパワーを足関節，膝，股関節を通して伝達し（トリプル・エクステンション），ジャンプする。

着地したらすぐに，できるだけ高く，瞬発的にジャンプする。

【注】**プライオメトリック**：エキセントリックな負荷（伸張性収縮）を与えた後，できるだけ速くコンセントリックに切り返しを行い（短縮性収縮），爆発的な瞬発力を発揮すること。

コンセントリック・スクワット・ジャンプ

concentric squat jumps

目 的
下半身の短縮性筋力とパワーの組み合わせを向上させる。

スターティングポジション
足を肩幅に開き，肩を後ろに引いたよい姿勢で立つ。膝が約90°になるまでスクワットを行い，脊柱を直立にし，コアに力を入れて，3〜5秒間静止する。

1 地面からのパワーを足関節，膝，股関節を通して伝達し（トリプル・エクステンション），ジャンプする。両腕を高く上げる。

2 効果的な衝撃吸収を考え，着地するときには，静かに膝を曲げる。着地の姿勢を2秒間保持する。着地の姿勢の保持は，減速能力の向上に作用する。これは，トレーニング期間およびスポーツ競技中の外傷・障害予防のために重要である。

スターティングポジションに戻り，動作を繰り返す。

power skips

パワー・スキップ

目 的
下半身のパワーを向上させ，股関節屈筋群とふくらはぎの可動域を改善する。

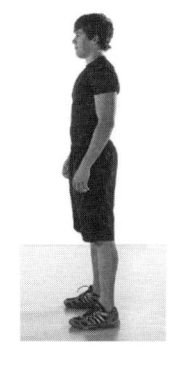

スターティングポジション
足を肩幅に開き，肩を後ろに引いたよい姿勢で立つ。

1. 右脚でリードし，右膝を同側の股関節のほうへ引き上げ，同時に左肘を90°に曲げ，きるだけ高くスキップする。左脚を伸展位で維持したまま，右肘を体幹の傍らでわずかに屈曲する。

2. 左母趾球で着地し，反対側の腕と脚で，スキップ動作を繰り返す。これを，1回の反復とする。

バリエーション
上半身への刺激を増すため，スキップするときに片手を上に伸ばす。

ハイ・ニー・ラン

high-knee run

目　的
コアと股関節部で動的バランスと安定性を高めながら，股関節屈筋，腰部と下腿の柔軟性を改善する。

スターティングポジション
足を肩幅に開き，肩を後ろに引いたよい姿勢で立つ。

1 左膝を若干曲げ，つま先を上へ引き上げ（足関節背屈），右脚を上げながらランニング動作を始める。親指が股関節から鼻へ向かう軌跡をたどるようにする。肘は約90°に保つ。上半身を垂直に保ち，コアに力を保ちながら，股関節屈曲の柔軟性を向上させる。

2 反対側で繰り返す。

地面と母趾球との接触をできるだけ短くするようにして，ランニングの周期的な動作を続ける。

Part III　エクササイズ

jump jump sprint

ジャンプ・ジャンプ・スプリント

目　的
下半身の瞬発的なパワーを改善し，着地の反応時間を減らす。

スターティングポジション
アスレチックスタンスをとる。

$1\sim2$　前方に2回，小さな幅跳びをする。

3　2回目のジャンプの着地の後，すぐに瞬発的にスプリントを行う。

　効果的な加速姿勢に焦点を当てる。効果的な加速姿勢とは，後ろ脚の踵から脊柱までの線が約45°前方に傾き，前脚の膝が体の前に引き上げられ，つま先が上を向いた姿勢である。

　10mをスプリントする。

　歩いてスターティングポジションに戻る。

　この手順を繰り返す。
　持久性を高めるためには，30秒の回復時間を間に入れる。スピード，筋力を高めるためには，回復時間を2～3分とする。

バックペダル

backpedal

目 的
後方への運動を行うことにより大腿四頭筋とハムストリングの筋力を強化しながら，股関節部と腰部の動的バランスと関節可動域を改善する。

スターティングポジション
アスレチックスタンスをとる。

1〜2
股関節部でリードして，膝を引き上げたら，すばやく脚を後ろの地面に押し戻し，後方へ移動する。重心は低く，上半身は安定したポジションに保つ。腕は，前方へのランニング動作と同様の運動を行う。

backward run

バックワード・ラン

目 的
股関節伸筋群，股関節屈筋群と腰部筋群の柔軟性を改善する。また，通常の直線的なランニング・ゲイト（歩調）で鍛えられる筋肉の反対側の筋肉を，バランスよく発達させることができる。

スターティングポジション
アスレチックスタンスをとる。

スターティングポジション

1. コアを安定させ，上半身を垂直に保ちながら，足でリードして後方に走る。踵を体から離すように後方に押し出す。1回のステップでできるだけ遠くに移動するように試みる。

A ウォーク，スキップ，ラン・プログレッション

a-walk, skip, run progression

目 的
股関節屈曲，前方への加速，効果的なストライドのトレーニングを行うことにより，直線的加速のスプリントメカニクスを改善する。

スターティングポジション
足を肩幅に開き，肩を後ろに引いたよい姿勢で立つ。

1 左脚を前方に振り上げ，右肘を90°に屈曲し，左肘を後方に引く。左膝と左つま先を上げた（ニーアップ・トーアップ）ポジションをとり，左足で股関節の直下の床を力強く踏み込む準備をする。股関節を前方に維持するために，つま先を上げ，すねを正しい角度に保つ。

2 股関節伸展を効果的に利用し，左足で地面を強く押す。

バリエーション
この効果的なメカニクスを習得したら，徐々にテンポをスキップまで上げる。さらに上級のスピードを必要とする選手は，ランニングのテンポまで上げる。

注意：起こしやすいまちがいの1つは，歩行からスキップの連続過程で，コアと股関節の適切なポジションをコントロールできなくなることである。

overhead squat

オーバーヘッド・スクワット

目 的
肩関節と上肢の機能的な関節可動域を改善すると同時に，コアと下半身の筋力を強化する。

スターティングポジション
足を肩幅より若干広く離して立つ。棒またはウエイトバーを，頭上で腕を伸ばした状態で保持する。

1 肘を伸ばした状態で保ちながら，息をゆっくり吸い込み，膝を屈曲し，股関節を若干後下方に下ろす。膝の高さ以下を目標に重心を下げていく。最も低い位置で2，3秒姿勢を保ち，コアに力を入れ，直立した姿勢に焦点を当てる。

2 最も低い位置から，息を吐き，しっかりとコアをしめた状態を保ちながら，ゆっくり垂直に立ち上がる。

Bウォーク，スキップ，ラン・プログレッション

b-walk, skip, run, progression

目 的
スプリントにおけるグラウンド・リカバリー・メカニクス（踵が地面に着き，遊脚期へ移行する機構）を向上させる。これは，高スピード，または最速のスピードの動作中において最も重要な目標である。

スターティングポジション
足を肩幅に開き，肩を後ろに引いたよい姿勢で立つ。

1 体を前傾し，左膝を曲げ，踵を引き上げる。踵は，体より若干前に，そして右膝の高さ，もしくはそれより若干高い位置まで引き上げる。

2~3 左脚を伸展してから，大腿を左股関節の下まで後方に引き，左足で地面をかくような動作を行う。これをすばやく行う。この運動の間，足を背屈位（つま先を上へ向ける）に保つ。

左右交互に動作を続ける。

Part III　エクササイズ

bent-leg bound

ベントレッグ・バウンド

目　的
　強い力を発生させる能力と吸収させる能力を同時に高めながら，下半身のプライオメトリック機能を高め，ストレッチ-ショートニング機能（伸張反射）を向上させる。

　注意：このエクササイズは，足が接地するときに，着地する脚の足関節，膝，股関節，腰部に強い力が発生する。そのため，行う前に適切なトレーニングを受ける必要がある，強度の高いエクササイズである。

スターティングポジション

スターティングポジション
　足を肩幅に開き，肩を後ろに引いたよい姿勢で立つ。

❶

❷

1　左脚を上げる。膝をわずかに曲げ，つま先を上へ引き上げる（背屈）。右肘を90°に曲げて，親指が股関節から鼻へ向かう軌跡をたどるようにする。上半身を直立に保ち，強いコアを維持しながら，股関節屈曲の角度を深くする。左足が地面から離れたら，前方への推進力で右足も地面から離れる。股関節から足関節までのストレートレッグポジション（まっすぐに伸ばしたポジション）を，地面からおよそ45°で維持する。各跳躍の目標を，できるだけ長い距離を跳ぶことにおく。

2　膝を曲げ，着地時の衝撃吸収の準備をして，左足で着地する。目標は，次の周期的な運動までの地面との接触時間を短くすることである。母趾球と地面との接触時間をできるだけ短くすることに集中する。

ストレートレッグ・バウンド

straight-leg bound

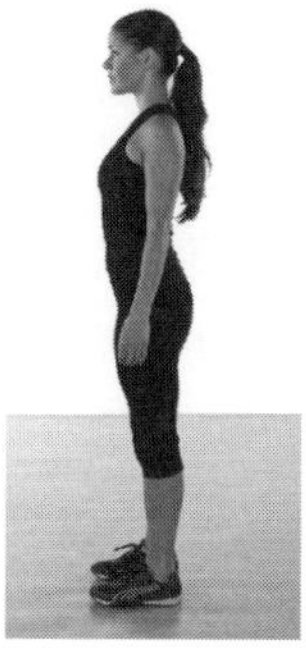

目 的

下半身，特に足関節周囲のプライオメトリック能力を高める。

注意：このエクササイズは，足が接地するときに，着地する側の足関節，膝，股関節，腰部に強い力が発生する。そのため，行う前に適切なトレーニングを受ける必要がある，強度の高いエクササイズである。

スターティングポジション

足を肩幅に開き，肩を後ろに引いたよい姿勢で立つ。

1 左脚を体の前で伸展して挙上し，上半身が直立した姿勢を維持しながら，コアに力を入れ，肩を後ろに引く。体をわずかに後方に傾け，右肘を90°に曲げる。

2 股関節が30〜50°屈曲したときに，股関節伸筋群の収縮によって，左母趾球で地面を力強く押す。

左右交互に動作を繰り返す。

Part III　エクササイズ　**83**

ankle taps

アンクル・タップ

目　的
足部におけるパワーの生成と瞬発的な地面との接触を補助する足関節周囲の小さな筋肉を発達させる。

スターティングポジション
足を肩幅に開き，肩を後ろに引いたよい姿勢で立つ。

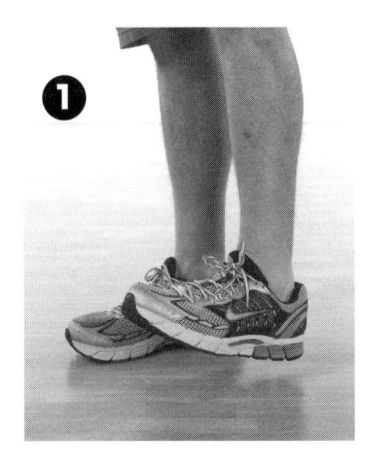

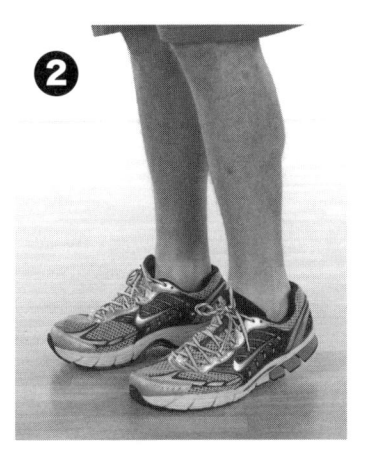

スターティングポジション

❶

❷

1 踵から頭までまっすぐに起立した姿勢を維持し，左のつま先を上へ引き上げる（足関節背屈）。それから，股関節をわずかに屈曲させ，踵を地面から引き上げる。膝は曲げないようにする。

2 腓腹筋-ヒラメ筋複合体（下腿三頭筋）を収縮する（足関節底屈）ことによって，足で瞬発的に地面を押す。

右脚で繰り返す。5〜10 mの距離で，左右の足を交互に地面と接触させる。地面を押す爆発的な力に焦点を当て，1歩1歩の地面との接触時間をできるだけ短くする。

クイック・フィート・スプリント

目 的
短く，すばやく，爆発的に接地する能力と，刺激に対する即時の反応を高めることにより，「1歩目」の敏捷性と初速に働きかける。

コーチかトレーニングパートナーが必要である。

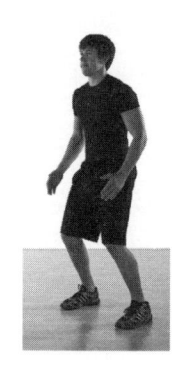

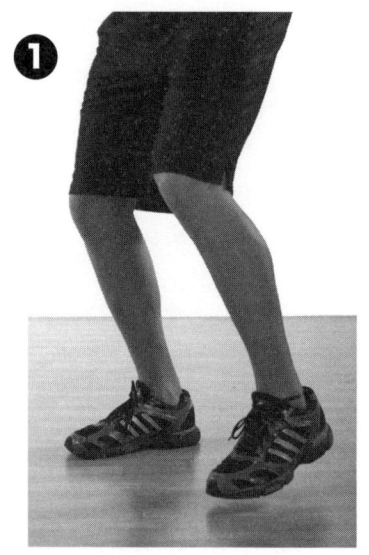

スターティングポジション
アスレチックポジションをとり，体重が左右の足に均等に掛かるように立つ。

$1〜2$ 左右の足で，敏速なペースで地面を交互に叩く（クイック・フィート・ドリル）。

quick feet sprint

3 コーチかトレーニングパートナーが視覚または聴覚による合図を示したら，瞬発的にクィック・フィート・ドリルから直線的なスプリントへと移行する。加速テクニックと1歩1歩地面を前進するなかで強い力を生み出すことに集中する。地面との接触（グラウンドコンタクト）をできるだけ短くするよう試みる。

バリエーション

クィック・フィート・スプリントは，側方運動で行うこともできる。

スクワット・ジャンプ・スプリント

squat jump sprint

目 的

足関節，膝関節，股関節を十分に屈曲してから，一気に伸展させることでジャンプを行い，その後の着地で爆発的な床反力を得て，前方へ加速していく姿勢をとる（効果的な加速姿勢とは，後ろ脚の踵から脊柱までの線が約45°前方に傾き，前脚の膝が体の前に引き上げられ，つま先が上を向いた姿勢である）。

スターティングポジション

アスレチックポジションをとり，体重が左右の足に均等に掛かるように立つ。

スターティングポジション

1~2 股関節を屈曲した状態から，スクワット・ジャンプを行う。股関節と膝関節を結んだ線が地面と平行になった時に，瞬発的に上へジャンプする。

3 ジャンプの最高点に到達したところで，着地時に減速することに集中する。着地と同時に加速姿勢をとり，脚を前方に引き上げ，10 mダッシュする。

バリエーション

ジャンプの高さを向上させるために，腕をできるだけ高く振り上げ，股関節，膝関節，足関節を伸展させてもよい（トリプル・エクステンション）。

Part III　エクササイズ　87

triple jump sprint

トリプル・ジャンプ・スプリント

目 的
反復可能な瞬発的パワーとプライオメトリック能力を向上させ，爆発的な加速を引き起こす能力を高める。

スターティングポジション
アスレチックポジションをとり，体重が左右の足に均等に掛かるように立つ。

スターティングポジション

1~3 片脚のジャンプを前方へ3回行う（左右の脚で交互に行う）。1回1回のジャンプの高さと，着地時の沈み込みに集中する。

4 3回目のジャンプの後，ジャンプを始めた足と逆の足で着地し，加速姿勢をとり，10mダッシュする。

Part III　エクササイズ

バーピー・スプリント

burpee sprint

目　的
下半身のパワー，プライオメトリック能力，爆発的な加速の能力を高める。

スターティングポジション
両手を床の上に置き，両足を後ろに下げ，腕立て伏せのポジションをとる。

1~3 両手で地面を押し，両膝を爆発的に胸に引き付ける。さらに，すばやくスプリントの加速姿勢をとり，10 mをスプリントで前進する。

lateral shuffle

ラテラル・シャッフル

目 的
側方運動を起こす筋肉と制御する筋肉の，筋力と安定性を高める。

スターティングポジション
アスレチックスタンスをとる。

1 股関節を低く保ち，顔を常に正面に向けながら，左に10mシャッフル【注】する。シャッフルしている間，常に重心を低く維持し，足を肩幅に広げて保つ。

2 右にシャッフルする。

【注】シャッフル：側方の動きにおける切り替え動作。

10メートル・ムーブメント・シークエンス

目 的
直線運動および側方運動のために，ウォームアップを行う。

方 法
各運動を，10 m の距離で，最大速度の 80 % くらいの速度で行う。1 つを行い，回転して，それから次の運動を連続して行う。

スターティングポジション
アスレチックポジションをとる。

1 直線的なランニングを行う。

2 右へラテラル・シャッフル（p.89）を行う。

3 左へラテラル・シャッフルを行う。

Part III　エクササイズ

10-meter movement sequence

4 バックペダル（p.76）を行う。

5 バックワード・ラン（p.77）を行う。

6 右へカリオカ（p.92）を行う。

7 左へカリオカを行う。

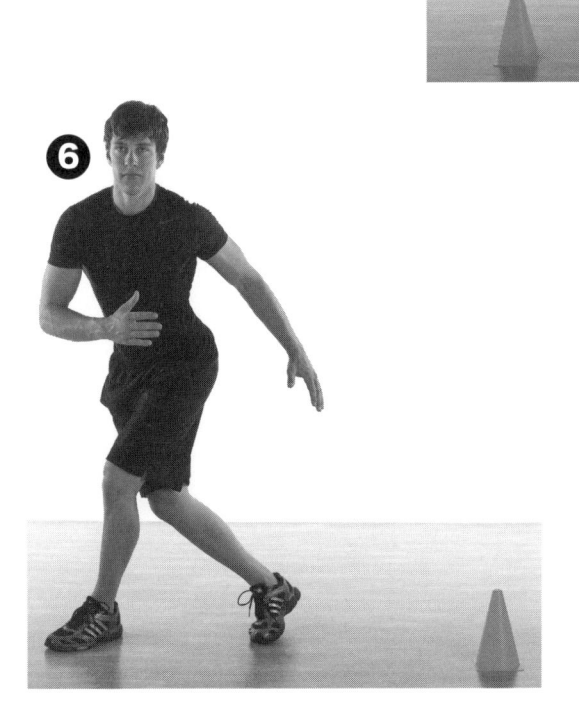

カリオカ

目 的

鼠径部，ハムストリング，コアの筋肉をストレッチしながら，股関節回旋筋の動的可動域を拡大させる。

スターティングポジション

アスレチックポジションをとり，両腕を肩の高さで横に伸ばす。

1~2 右足を左足の前に交差させて踏み出す。

Part III エクササイズ

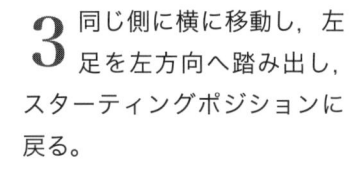

carioca

3 同じ側に横に移動し，左足を左方向へ踏み出し，スターティングポジションに戻る。

4 右足を左足の後ろへ交差させて踏み出す。側方の一方向へ，後方へ踏み出し，前方へ踏み出すという過程を繰り返し，それから反対方向へ同じ動作を繰り返し，スターティングポジションまで戻る。

ハイニー・バリエーション

同様の運動パターンを使用して，クロスオーバーステップを誇張し，膝の高さをウエストより上に上げる。

ハイニー・ラテラル・スキップ

high-knee lateral skip

目 的

股関節，膝関節，足関節の関節可動域を改善し，側方運動パターンを向上させる。

スターティングポジション

アスレチックポジションをとり，両腕を肩の高さで横に伸ばす。

1 右へ移動する目的で，右膝を瞬発的に腋窩に引き上げる。それから，右脚を瞬発的に地面に戻し，母趾球を地面に接触させる。

2 右足が地面に接触するのと同時に，左脚で同じ動作を行う。

Part III　エクササイズ

dynamic empty can

ダイナミック・エンプティー・カン

目 的
肩の筋力と筋持久力，特にローテーターカフの棘上筋を強化する。

スターティングポジション
肩を後ろに引いたよい姿勢で立ち，両腕を体の脇に沿わせる。両腕を内旋し，手の甲を大腿の方向へ向ける。

スターティングポジション

1~2 腕を約60°（肩の高さより若干低い位置）に上げ，缶を空にするように腕の内旋を続ける。

速度をコントロールしながら繰り返す。

バリエーション
このエクササイズは軽い重り（通常500 g～1.5 kg）を使って行うこともできる。

ハグ

目 的
肩と胸部の動的柔軟性を改善する。

スターティングポジション
肩を後ろに引いたよい姿勢で立ち，腕を肩の高さでまっすぐ前に伸ばす。

1 腕で体をくるみ，反対側の肩の後ろを掴もうとする。

2 両腕を後ろに引き，両肩甲骨を閉めることによって動作を逆に行う。

速度をコントロールしながら繰り返す。

バリエーション
このエクササイズは，ランジ，スキップ，アンクル・ウォークなど，多くの下半身のエクササイズと同時に行うことができ，それによって，バランスと協調運動の観点から難度を上げることができる。

チアリーダー

目 的
肩と胸部の動的可動域を改善する。

スターティングポジション
肩を後ろに引いたよい姿勢で立つ。

1~2 両腕を体の側面からゆっくり上げ,頭上で肘を伸ばす。この動作の最高点で,両方の手のひらを合わせる。

3~4 腕を側方に円を描くように下ろしていき,ウエストの位置まで下ろす。

さまざまな速度で動作を繰り返す。

バリエーション
このエクササイズは,ランジ,スキップ,アンクル・ウォークなど,多くの下半身のエクササイズと同時に行うことができ,それによって,バランスと協調運動の観点から難度を上げることができる。

ワイパー

wipers

目 的
肩の動的可動域を改善する。

スターティングポジション
肩を後ろに引いたよい姿勢で立つ。腕を体の前へまっすぐに伸ばす。

1. 右腕をゆっくりと上げながら，同時に左腕を下げる。

2. 方向を変えて，繰り返す。

バリエーション
このエクササイズは，ランジ，スキップ，アンクル・ウォークなど，多くの下半身のエクササイズと同時に行うことができ，それによって，バランスと協調運動の観点から難度を上げることができる。

scorpion

サソリ

目 的
コア全体の安定性を向上させながら，腰部の筋肉の柔軟性を改善させる。

スターティングポジション
床の上で腹臥位（うつ伏せ）になり，脚を伸ばす。両腕を横へ伸ばす。

1. 右脚をゆっくり交差し体の左側へ持っていく。この体位で10秒間保持する。目標は，右のつま先をできるだけ左手に近づけることである。

2. 反対側で繰り返す。

文　献

1. Shellock, F.G., and W.E. Prentice. "Warming up and stretching for improved physical performance and prevention of sports related injuries." Sport Medicine 1985; 2:267-268.
2. Smith, C.A. "The warm-up procedure: To stretch or not to stretch. A brief review." Journal of Orthopaedic & Sports Physical Therapy 1994; 19:12-17.
3. DeVries, H.A. "The 'looseness' factor in speed and O^2 consumption of an anaerobic 100-yard dash." Research Quarterly 1963; 34(3):305-313.
4. Kokkonen, J., A.G. Nelson, and A. Cornwell. "Acute muscle stretching inhibits maximal strength performance." Research Quarterly for Exercise & Sport 1998; 69:411-415.
5. Nelson, A.G., I.K. Guillory, A. Cornwell, and J. Kokkonen. "Inhibition of maximal voluntary isokinetic torque production following stretching is velocity specific." Journal of Strength & Conditioning Research 2001; 15(2):241-246.
6. Nelson, A.G., and J. Kokkonen. "Acute ballistic muscle stretching inhibits maximal strength performance." Research Quarterly for Exercise & Sport 2001; 72(4):415-419.
7. Avela, J., H. Kyröläinen, and P.V. Komi. "Altered reflex sensitivity after repeated and prolonged passive muscle stretching." Journal of Applied Physiology 1999; 86(4): 1283-1291.
8. Fletcher, I.M., and B. Jones. "The effect of different warm-up stretch protocols on 20-m sprint performance in trained rugby union players." Journal of Strength & Conditioning Research 2004; 18(4):885-888.
9. Fowles, J.R., D.G. Sale, and J.D. MacDougall. "Reduced strength after passive stretch of the human plantar flexors." Journal of Applied Physiology 2000; 89(3):1179-1188.
10. Nelson, A.G., N.M. Driscoll, M.A. Young, and I.C. Schexnayder. "Acute effects of passive muscle stretching on sprint performance." Journal of Sports Sciences 2005; 23(5):449-454.
11. Young, W., and S. Elliott. "Acute effects of static stretching, proprioceptive neuromuscular facilitation stretching, and maximum voluntary contractions on explosive force production and jumping performance." Research Quarterly for Exercise & Sport 2001; 72(3): 273-279.
12. Young, W.B., and D.G. Behm. "Effects of running, static stretching and practice jumps on explosive force production and jumping performance." Journal of Sports Medicine and Physical Fitness 2003; 43:21-27.
13. Cornwell, A., A.G. Nelson, and B. Sidaway. "Acute effects of stretching on the neuromechanical properties of the triceps surae muscle complex." European Journal of Applied Physiology 2002; 86:428-434.
14. Cornwell, A., A.G. Nelson, G.D. Heise, and B. Sidaway. "The acute effects of passive muscle stretching on vertical jump performance." Journal of Human Movement Studies 2001; 40:307-324.
15. Wilson, G.J., A.J. Murphy, and J.F. Pryor. "Musculotendinous stiffness: Its relationship to eccentric, isometric, and concentric performance." Journal of Applied Physiology 1994; 76(6):2714-2719.
16. Evetovich, T.K., N.J. Nauman, D.S. Conley, and J.B. Todd. "Effect of static stretching of the bicep brachii on torque, electromyography, and mechanomyography during concentric isokinetic muscle action." Journal of Strength and Conditioning Research 2003; 17(3):484-488.
17. Knudson, D.V., G.J. Noffal, R.E. Bahamonde, J.A. Bauer, and J.R. Blackwell. "Stretching has no effect on tennis serve performance." Journal of Strength and Conditioning Research 2004; 18(3):654-656.
18. Garrett, W.E. "Muscle flexibility and function under stretch." In Sports and Exercise in Midlife, eds. S.L. Gordon, X. Gonzalez-Mestre, and W.E. Garrett. Rosemont, IL: American Academy of Orthopaedic Surgeons, 1993:105-116.

19. Hunter, D.G., and J. Spriggs. "Investigation into the relationship between the passive flexibility and active stiffness of the ankle plantarflexor muscles." Clinical Biomechanics 2000; 15(8):600-606.
20. Pope, R.P., R.D. Herbert, J.D. Kirwan, and B.J. Graham. "A randomized trial of pre-exercise stretching for prevention of lower-limb injury." Medicine & Science in Sports & Exercise 2000; 32(2):271-277.
21. Comeau, M.J. "Stretch or no stretch? Cons." Strength and Conditioning Journal 2002; 24(1): 20-21.
22. Herbert, R.D., and M. Gabriel. "Effects of stretching before and after exercising on muscle soreness and risk of injury: Systematic review." British Medical Journal 2002; 325(7362):468-470.
23. Pope, R.P., R.D. Herbert, and J.D. Kirwan. "Effects of flexibility and stretching on injury risk in army recruits." Australian Journal of Physiotherapy 1998; 44:165-172.
24. Shrier, I. "Stretching before exercise does not reduce the risk of local muscle injury: A critical review of the clinical and basic science literature." Clinical Journal of Sport Medicine 1999; 9:221-227.
25. Shrier, I. "Does stretching improve performance?: A systematic and critical review of the literature." Clinical Journal of Sport Medicine 2004; 14(5):267-273.
26. Levine, U., J. Lombardo, J. McNeeley, and T. Anderson. "An analysis of individual stretching programs of intercollegiate athletes." Physician and Sportsmedicine 1987; 15:130-136.
27. Shrier, I. "Flexibility versus stretching." British Journal of Sports Medicine 2001; 35(5):364.
28. Shrier, I., and K. Gossal. "Myths and truths of stretching." Physician and Sportsmedicine 2000; 28(8):57-63.
29. Yeung, E.W., and S.S. Yeung. "A systematic review of interventions to prevent lower limb soft tissue running injuries." British Journal of Sports Medicine 2001; 35(6):383-389.
30. Andersen, J.C. "Stretching before and after exercise: Effect on muscle soreness and injury risk." Journal of Athletic Training 2005; 40(3):218-220.
31. van Mechelen, W., H. Hlobil, H.C.C. Kemper, W.J. Voorn, and R. de Jongh. "Prevention of running injuries by warm-up, cool-down, and stretching exercises." American Journal of Sports Medicine 1993; 21(5):711-719.
32. Macera, C.A., R.P. Pate, K.E. Powell, K.L. Jackson, J.S. Kendrick, and T.E. Craven. "Predicting lower-extremity injuries among habitual runners." Archives of Internal Medicine 1989; 149(11):2565-2568.
33. Thacker, S.B., J. Gilchrist, and D.F. Stroup. "The impact of stretching on sports injury risk: A systematic review of the literature." Medicine & Science in Sports & Exercise 2004; 36:371-378.
34. Knudson, D. "Stretching during warm-up: Do we have enough evidence?" Journal of Physical Education, Recreation and Dance 1999; 70(7):24-27.
35. Kovacs, M.S. "The argument against static stretching before sport and physical activity." Athletic Therapy Today 2006; 11(3):24-25.
36. Cornelius, W.L., R.W. Hagemann, and A.W. Jackson. "A study on placement of stretching within a workout." Journal of Sports Medicine and Physical Fitness 1988; 28:234-236.
37. Kovacs, M., W.B. Chandler, and T.J. Chandler. Tennis Training: Enhancing On-Court Performance. Vista, CA: Racquet Tech Publishing, 2007.
38. Kovacs, M.S. "Is static stretching for tennis beneficial? A brief review." Medicine and Science in Tennis 2006; 11(2):14-16.
39. Bergh, U., and B. Ekblom. "Physical performance and peak aerobic power at different body temperatures." Journal of Applied Physiology 1979; 46:885-889.
40. Blomstrand, E.V., B. Bergh, B. Essen-Gustavsson, and B. Ekblom. "The influence of muscle temperature on muscle metabolism and during intense dynamic exercise." Acta Physiologica Scandinavica 1984; 120:229-236.

推薦図書

Alter, M. Science of Flexibility (3rd edition). Champaign, IL: Human Kinetics, 2004.

Andersen, J.C. "Stretching before and after exercise: Effect on muscle soreness and injury risk." Journal of Athletic Training 2005; 40(3): 218-220.

Chandler, T.J., and L.E. Brown. Conditioning for Strength and Human Performance. Baltimore, MD: Lippincott, Williams and Wilkins, 2008.

Kokkonen, J., and J.M. McAlexander. Stretching Anatomy. Champaign, IL: Human Kinetics, 2006.

Kovacs, M.S. "The argument against static stretching before sport and physical activity." Athletic Therapy Today 2006;11(3):24-25.

Kovacs, M., W.B. Chandler, and T.J. Chandler. Tennis Training: Enhancing On-Court Performance. Vista, CA: Racquet Tech Publishing, 2007.

Pope, R.P., R.D. Herbert, J.D. Kirwan, and B.J. Graham. "A randomized trial of pre-exercise stretching for prevention of lower-limb injury." Medicine and Science in Sports and Exercise 2000; 32(2):271-277.

Shrier, I. "Does stretching improve performance? A systematic and critical review of the literature." Clinical Journal of Sport Medicine 2004; 14(5):267-273.

Shrier, I. "Stretching before exercise does not reduce the risk of local muscle injury: A critical review of the clinical and basic science literature." Clinical Journal of Sport Medicine 1999; 9:221-227.

エクササイズ索引

あ行
アッパー・ボディー・ハンドウォーク　50
アンクル・タップ　83
アンクル・フリップ　68
ウォーキング・クアード・ストレッチ　46
Aウォーク, スキップ, ラン・プログレッション　78
エルボー・トゥ・ニー・ランジ　58
オーバーヘッド・スクワット　79
オーバーヘッド・スクワット・プログレッション　61
オーバーヘッド・パス　67

か行
カウンタームーヴメント・スクワット・ジャンプ　70
カリオカ　92
クイック・フィート・スプリント　84
グルーツ・ハム・ブリッジ　65
コンセントリック・スクワット・ジャンプ　72

さ行
サイド・アンクル・ウォーク　44
サソリ　99
尺取り虫（ハムストリング・ハンドウォーク）　51
ジャンプ・ジャンプ・スプリント　75
10メートル・ムーブメント・シークエンス　90
スクワット・ジャンプ・スプリント　86
ストレートレッグ・ウォーキング・ランジ　55
ストレートレッグ・バウンド　82
ストレートレッグ・マーチ　53
スパイダーマン・クロール　52
スプリット・ジャンプ/ランジ・ジャンプ　69
スモウ・スクワット・ウォーク　62

た行
ダイナミック・エンプティー・カン　95
ダチョウ（ワンレッグ・ウォーキング・オポジット）　48
チアリーダー　97
トゥ・ウォーク　42
トリプル・ジャンプ・スプリント　87

な行
ニー・トゥ・ショルダー・ラテラル・ウォーク―フロッグァー　47
ニー・トゥ・チェスト・ウォーク　45
ニー・トゥ・チェスト・ホールド・イントゥ・ランジ　59

は行
バーピー・スプリント　88
ハイ・ニー・ラン　74
ハイニー・ラテラル・スキップ　94
ハグ　96
バックペダル　76
バックワード・ラン　77
ハムストリング・ハンドウォーク―尺取り虫　51
パワー・スキップ　73
Bウォーク, スキップ, ラン・プログレッション　80
ヒール・ウォーク　43
フィギュア・フォー・スクワット　64
フロッグァー（ニー・トゥ・ショルダー・ラテラル・ウォーク）　47
ベントレッグ・バウンド　81

ら行
ラテラル・シャッフル　89
ラテラル・パス　66
ラテラル・ランジ　60
リニア・ウォーキング・ランジ　54
リピーティド・スクワット・ジャンプ　71
ロウ・スクワット・ウォーク　63
ローテーショナル・ウォーキング・ランジ　56

わ行
ワイパー　98
ワンレッグ・ウォーキング・オポジット―ダチョウ　48

謝　辞

　人は，人生の方向を選び，進むにあたって多くの人から強い影響を受けるが，そのような人たちに感謝を伝える機会はなかなかない。幸いにも私には，家族，よき指導者と学生に感謝するこの機会が与えられた。

　家族の愛と支えが，自分自身の道を進む意欲を保たせてくれた。そのことに感謝する。

　多くのよき指導者は，その時には小さなものであったかもしれないが，今日まで意見，感情，行動を形づくるための印象を与えてくれた。

　選手，学生，クライアントの皆さん。君たちは，知らず知らずのうちに，毎日向上したいという願望，知識と理解への欲求を与えてくれた。ありがとう。

著者について

　マーク・コヴァックス（Marc Kovacs）は，ヒトの機能強化における第一人者であり，作家，プレゼンター，研究者，そしてトレーナーである。オーバーン大学在学中は，トップランクの国際的ジュニア・テニス選手で，オールアメリカンとNCAAダブルス・チャンピオンであった。プロとしてプレーした後に，大学院でテニスに特化した研究を行い，オーバーン大学から運動科学の学士号を取得し，アラバマ大学から運動生理の博士号を取得した。NSCA（National Strength and Conditioning Association：全米ストレングス＆コンディショニング協会）公認ストレングス＆コンディショニング スペシャリストであり，ACSM（American College of Sports Medicine：アメリカスポーツ医学会）公認ヘルス/フィットネス・インストラクター，米国陸上競技レベルIIスプリントコーチ，USPTA公認テニスコーチである。スポーツの種類を問わず，プロアスリート，高校・大学のスター選手を指導し，あらゆる職業の人にトレーニング指導を行ってきた。

　彼の全体論的なアプローチは，多くの科学的トレーニングを実用的に組み合わせた結果である。意欲的なプログラムは，各クライアントの成功の核となってきた。多数のすぐれた学術誌で，また国内および国際的な会議で，50以上の研究報告と要約を発表している。Tennis Training: Enhancing On-Court Performanceの共著者であり，Strength and Conditioning Journalの編集者である。現在は，米国テニス協会（USTA）で，筋力，コンディショニング，スポーツ科学の分野を監督している。USTAに加わる前は，ジャクソンビル州立大学で運動科学と健康科学の助教であった。

■ 監　訳
平沼　憲治（ひらぬま　けんじ）

　産業医科大学卒業，医師，医学博士，日本整形外科学会認定スポーツ医，日本体育協会公認スポーツドクター，日本整形外科スポーツ医学会評議員．

　産業医科大学整形外科，関東労災病院整形外科，同スポーツ整形外科を経て，2006年より日本体育大学スポーツ医学研究室および大学院博士課程教授．2010年より，同スポーツ・トレーニングセンター長を兼任．

　第9回秩父宮記念スポーツ医科学賞奨励賞受賞．

　1996年より10年間，Jリーグ横浜F・マリノスチームドクターを務め，現在は，横浜F・マリノスメディカルアドバイザー，アメリカンフットボールXリーグ富士通フロンティアーズチームドクター．

　監修書に『コアセラピーの理論と実践』『コアコンディショニングとコアセラピー』（講談社），訳書に『スポーツメディシンバイブル』（共訳，ナップ）がある．

■ 訳
日暮　清（ひぐれ　きよし）

　国際武道大学，ウェスタンミシガン大学大学院修了，NATA公認アスレティック・トレーナー，NSCA公認ストレングス＆コンディショニンング・スペシャリスト，鍼灸あん摩マッサージ指圧師．

　ウェスタンミシガン大学スポーツメディスンクリニック，ハンプキン高等学校，カリフォルニア州立アーバイン大学（UCI），チャクフェルダースポーツメディスンクリニック，小田急バレーボールクラブ，横浜F・マリノスヘッドトレーナーを経て，現在，Jリーグアルビレックス新潟ヘッドトレーナー．

　著書に『ナショナルチームドクター・トレーナーが書いた種目別スポーツ障害の診療』（共著，南江堂），『アスレチックリハビリテーション・ガイド』（共著，文光堂），訳書に『柔軟性トレーニング』（共訳，大修館書店），『アクアティックリハビリテーション』（共訳，ナップ），『フォームローラーエクササイズ』（ブックハウス・エイチディ），監修DVDに『治療家の為のストレッチポール・エクササイズ』（医道の日本社）がある．

ダイナミック ストレッチング
パワー，パフォーマンス，可動域を改善する新しいウォームアップ
（検印省略）

2011年11月 1 日　第1版　第1刷
2016年 1 月27日　　同　　第2刷

著　者	Mark Kovacs
監訳者	平沼　憲治　Kenji Hiranuma
訳　者	日暮　　清　Kiyoshi Higure
発行者	長島　宏之
発行所	有限会社　ナップ

〒111-0056　東京都台東区小島1-7-13　NKビル
TEL 03-5820-7522／FAX 03-5820-7523
ホームページ http://www.nap-ltd.co.jp/
印　刷　シナノ印刷株式会社

© 2011　Printed in Japan　　　　　　　　　　　　　　　ISBN978-4-905168-10-2

JCOPY　〈(社)出版者著作権管理機構　委託出版物〉
本書の無断複写は著作権法上での例外を除き禁じられています．複写される場合は，そのつど事前に，(社)出版者著作権管理機構（電話 03-3513-6969, FAX 03-3513-6979, e-mail: info@jcopy.or.jp）の許諾を得てください．